당신은 연결되어 있습니까

고미숙

당신은
연결되어 있습니까

책머리에

"입학하고 나서 1년 내내 혼자 밥을 먹었어요."

"회사 다니다 그만두고 방에 틀어박혀 보름 동안 미드만 보다가 역류성식도염에 걸렸어요. 거의 기다시피 해서 방에서 나왔죠."

첫번째는 대학을 다니다 휴학을 하고 남산강학원에 공부하러 온 청년의 말입니다. 순간 귀를 의심했습니다. 함께 밥 먹을 친구 한명 없는 학교를 다니는 청년이라? 울컥했습니다. 학교는 솔직히 친구 만나러 가는 곳 아닌가요? 친구가 없다면 대체 누구랑 수다를 떨고, 누구하고 공부를 하고, 누구한테 고민을 털어놓을 수 있을까요?

두번째 말은 더 충격이었습니다. 어떻게 저런 폭주가 가능할까요. 배도 고프고 몸도 피곤했을 텐데…… 그 청년의 말로는 몸이 괴로운 것보다 자신의 현실과 마주하는 게 더 끔찍했다고 합니다. 그래서 계속 드라마 속으로 도피한 것이죠. 의아했던 건 보름 동안의 폭주를 제어해줄 이가 주변에 아무도 없었다는 사실입니다. 이 청년 역시 친구가 없었던 거죠.

한데 이런 충격도 새삼스러운 일인 것 같습니다. 지금은 오히려 친구들이 많다고 하면 신기해서 쳐다볼 지경입니다. 1인 가구, 혼밥, 혼술, 혼코노(혼자 코인 노래방) 등이 시대의 주류가 되어버렸습니다. 참 기이한 일입니다. 왜냐면 인간은 본디 홀로 살아갈 수 없는 존재거든요. 혼자서는 생존 자체는 물론이고 무엇보다 생기 있게 사는 게 어렵습니다. 당연히 '좋은 삶'을 꾸리기는 더더욱 어렵습니다. 우울증, 불면증, 분노조절 장애, 자살충동 등이 사회 전체에 확산되었다는 것이 그 증거입니다.

그런데 좀 이상하지 않습니까? 지금 우리나라는 세계인들의 추앙을 받는 'K컬처'의 나라입니다. BTS, 손흥민, 「기생충」, 「오징어 게임」 등 세계인들을 매혹시키는 문화의 성지입니다. 최근에는 「케이팝 데몬 헌터스」의 열풍이 불기도 했죠. 그만큼 흥이 넘친다는 뜻입니다. 어디 그뿐입니까. 우리는 지난겨울 비상계엄의 폭거를 광장의 연대와 함성으로 극복해낸 경험도 있습니다. 그런데 왜 우울하죠? 왜 죽고 싶죠? 왜 잠이 안 올까요?

K컬처의 신명과 '빛의 혁명'이 보여준 연대와 저항, 그와 대칭을 이루고 있는 일상의 고립과 단절. 둘 사이의 간극은 어떻게 해소될 수 있을까요? 잘 모르겠습니다. 하지만 분명한 건 우리 모두 이 난감한 시대적 질문과 마주해야 한다는 겁니다. 이 기막힌 아이러니 속에서 숱한 청춘들이 속절없이 시들어가고 있으니까요. 또 청춘이 스러져가는데 중년, 노년이 어떻게 빛날 수 있겠습니까? 이 책은 이런 질문에 대한 저 나름의 응답인 셈입니다.

이 책에는 세가지 스토리가 교차됩니다. 하나는 고립과 단절의 일상화에 대한 탐사, 다른 하나는 연결이 생명의 근원적 본능이라는 이치, 세번째는 연결의 구체적 경로에 대한 데이터입니다. 특히 세번째에는 제가 현재 활동 중인 대중지성 네트워크 감이당과 남산강학원의 다양한 실험을 담았습니다.

비상계엄에서 탄핵의 강을 건너 파면에 이르기까지, 2024년 겨울에서 올 여름에 이르는 그 반년의 시간 동안 우리의 염원은 아주 단순했습니다. 일상을 회복하고 싶다! 그렇습니다. 광장은 섬광처럼 짧고 일상은 면면히 이어집니다. 지금 우리의 과제는 광장의 연대와 공감을 일상의 연결과 교감으로 변주하는 것입니다. 민주주의의 동력 역시 거기에 있을 겁니다. 이 책이 그 과정을 함께 모색하고 실험하는 시간이 되기를 바랍니다.

2025년 10월
감이당&남산강학원의 터전
남산 아래 깨봉빌딩에서
고전평론가 고미숙 쓰다

책머리에	005
당신은 연결되어 있습니까	011
	혼자가 가장 편한 시대
	고독과 고립은 완전히 다른 것입니다
	무엇이 우리를 혼자로 만들까
	사실 모두에게는 연결되고 싶은 열망이 있습니다
	읽고 쓰고 말하기, 연결의 첫걸음
	자기를 위한 욕망에서 타인을 위한 사유로
	광장의 연결을 우리의 일상으로 ① ― 명랑하게 심오하게
	광장의 연결을 우리의 일상으로 ② ― 마음은 머물지 않는다
	연결이 곧 자유입니다
묻고 답하기	083
기억하고 싶은 문장	097

**당신은
연결되어 있습니까**

혼자가 가장 편한 시대

혼자니까 청춘이다

20여년 동안 고전평론가로 살면서 전국 곳곳에서 강연을 할 기회가 많았습니다. 덕분에 우리 시대의 변화상을 다방면으로 체감할 수 있었습니다. 그중 가장 놀라운 변화는 청년들의 무기력입니다. 사실 '무기력한 청년'은 형용모순입니다. 청년이라는 말에는 활기, 발랄, 저항, 도전 등의 의미가 포함되어 있기 때문입니다. 그래서 더욱 충격적입니다. 학교에 가보면 중고생들은 허리를 곧추세우기가 어렵고, 수업시간에 대부분 엎드려 잔다는 소문도 파다합니다. 학습열이 부족해서는 아닙니다. 입시경쟁은 초등학생 때부터 가열차게 진행되고 심지어 최근에는 '4세 의대고시' 반까지 등장했을 정도니까요.

그렇다면 대학에 들어온 뒤에는 활기가 넘쳐야 하지 않습니까? 하지만 대학생들은 '참을 수 없는 존재의 무거움'에 짓

눌려 있습니다. 첨단을 달리는 시설로 캠퍼스는 너무 좋습니다. 하지만 그곳의 주인공인 청년들의 표정은 대체로 어둡습니다. 강당에 청년들이 꽉 들어차 있는데 알 수 없는 적막감이 감도는 그런 분위기, 상상이 되시나요? 그 좋은 나이에, 그 멋진 캠퍼스에서 대체 왜 그럴까요.

이렇게 물으면 자동적으로 이런 낱말들이 되돌아옵니다. 일자리, 취업경쟁, 살아남기 등등. 결국 유년기부터 치른 입시 경쟁이 대학에서도 지속된다는 뜻이겠죠. 그런데 이런 분위기를 절대 당연시해선 안 된다고, 대학 시절은 일생 중에 가장 눈부신 때고 에로스와 로고스적 열정을 맘껏 뿜어낼 수 있는 유일한 시절이라고 이야기하면 아주 생뚱맞은 소리라는 표정을 짓습니다. 아무리 경쟁과 압박으로 세상이 험하다 한들 최루탄과 짱돌이 난무했던 87년도보다 생기가 없다는 건 좀 이상합니다. 앞으로 더욱 심해질 것 같아 걱정도 됩니다.

그럼 이런 상황을 속수무책으로 방치해야 하나요? 아니면 일자리가 차고 넘칠 때까지, 경쟁이 사라질 때까지 마냥 기다려야 하나요? 아닙니다. 그런 때가 올 리도 만무지만 난제일수록 일단 현장을 주시해야 합니다. 캠퍼스를 휘감고 있는 저 무표정의 원인은 무엇일까요?

간단합니다. 친구가 없어서입니다. 친구와 같이 있으면 누구든 생기발랄해집니다. 소리, 눈빛, 손짓 등 다양한 상호작용이 일어나기 때문이죠. 하여, 청춘과 우정은 그 자체로 동의어라 할 수 있습니다. 배움과 만남, 동경과 추앙, 친밀감과 경쟁심 등 성장에 필요한 모든 활동은 친구를 통해서 이루어집니다.

하지만 정말 안타깝게도 우리 시대 청년들은 친구가 거의 없습니다. 한명도 없는 경우도 태반입니다. 요즘 대학생들은 수업을 마치면 곧바로 캠퍼스를 벗어난다고 합니다. 아닌 게 아니라 주말에 가보면 캠퍼스가 텅 비어 있습니다. 다들 혼자만의 공간으로 귀환하는 거죠. 학교는 그저 학점과 스펙을 관리하는 정거장에 불과한 겁니다. 그래서 편안할까요? 아닙니다. 마음은 도무지 정처가 없습니다. 한때 '아프니까 청춘이다'라는 말이 대유행이었는데, 이젠 '혼자니까 청춘이다'의 시대가 되고 말았습니다.

'홀로이즘'의 판타지

어쩌다 이런 초유의 사태가 벌어지게 되었을까요. 스마트폰? 코로나19? 물론 그 영향이 크긴 할 겁니다. 하지만 그것만으로는 충분하지 않습니다. 인터넷은 우리가 접속하고 교감할 공간을 대폭 확장해주었습니다. 언제 어디서든, 누구와도 소통할 수 있는 것이 디지털혁명의 핵심 아닌가요? 또 코로나19로 인한 방역으로 오랫동안 격리된 탓이라고 한다면, 오히려 그 반작용으로 더 활발하게 교류가 일어날 수도 있지 않을까요? 코로나19가 종식된 다음에도 여전히 혼자만의 방에 갇혀 배달음식에 의지하면서 종일 스마트폰에만 빠져 있다는 건 아무리 생각해도 좀 이상합니다.

물론 이런 경향은 확실히 스티브 잡스(Steve Jobs)가 스마트폰을 인류에게 선사한 이후부터 두드러졌습니다. 모든 정보, 모든 오락, 모든 관계가 스마트폰 안으로 다 빨려들어간 겁니다. 내가 원하는 모든 것이 다 들어 있다니, 참 멋진 신세계죠. 하지만 모든 신세계가 그렇듯 여기에도 천국과 지옥이 공존합니다. 이를테면, 그 세계는 일방향이라 옥신각신이 필요 없습니다. 소통을 위해 애쓸 필요도 없지요. 그냥 내가 즐거워하는 공간들을 여기저기 순례하면 됩니다. 너무 쉽게 나만의 즐거움을 누릴 수 있습니다. 그러나 그 속에 바로 함정이 있습니다. 거기에 빠지다보면 일상의 모든 것이 감각적 즐거움 혹은 개별적 취향이라는 영역 안에 갇혀버리게 됩니다. 낯설고 이질적인 마주침을 통한 성장과 변화 같은 체험은 점점 멀어지고 감각을 자극하는 쾌락적 보상만이 존재하게 되는 거죠.

아주 지독한 아이러니입니다. 호모사피엔스는 세상 모든 것과 연결하고자 하는 마음의 행로를 지닌 존재입니다. 그게 진화의 동력이거든요. 그리고 스마트폰은 이를 최고의 수준으로 구현했습니다. 지역, 세대, 시간, 성(性)과 인종 등 상호작용을 가로막는 기존의 장벽들을 다 해체했거든요. 그런 시대에 인류가 '고립과 단절'이라는 질병을 앓는다니. 기술과 일상 사이의 간극이 이토록 극심한 시대가 있었을까요?

이건 개인주의가 아닙니다. 자유주의는 더더욱 아니고요. 개인주의는 집단적 예속에서 벗어난 개체들의 자유로운 연대를 뜻하지만, '홀로이즘'은 세상에 좋은 건 오직 '나만' 누리고 즐기고 싶다는 전도망상의 산물입니다. 대중매체와 광고도 이 경향을 부추깁니다. 혼자 먹고, 혼자 춤추고, 혼자 여행 가고. 그야말로 '홀로이즘'의 극치를 보여줍니다.

더 심각한 건 언제부터인가 이런 풍조는 MZ세대를 넘어 전세대에 다 스며들어버렸습니다. 전연령대에 걸쳐 1인가구가 대세가 되었고, 세대를 가릴 것 없이 누구와도 교감하지 않는 (친구가 하나도 없는!) 이들이 점점 더 늘어나고 있습니다. 소위 '은둔청년'의 시대를 지나 '은둔중년' '은둔노년'의 시대가 도래한 셈이죠. 이런 추세라면 앞으로 태어날 세대는 과연 어떻게 살아가게 될까요? 개인을 영어로 표현하면 'Individual', 더이상 나눌 수 없다는 뜻입니다. 그렇습니다. 더이상 쪼개는 게 불가능한 '홀로이즘'의 판타지가 21세기를 배회하고 있습니다.

**고독과 고립은
완전히 다른 것입니다**

고립은 '낭만적'이지 않다

'사람에겐 사람이 필요하다' '누구도 홀로 살아갈 수 없다' '천지만물과 소통하라' 등등. 고전을 읽으면 수도 없이 듣는 이야기입니다. 한데 왜 우리 시대는 청년에서 중노년에 이르기까지 고립을 당연한 것으로 여기게 되었을까요? 여러 이유가 있겠지만 고립을 고독과 혼동하는 것도 그중 하나입니다. '인간은 원래 고독한 존재다' 식의 실존적이고 낭만적 이미지도 가미된 듯하다는 말입니다. 유튜브를 보면 '나이 들수록 혼자가 더 편하다' '인생에 친구가 꼭 필요한 건 아니다' 이런 종류의 자기계발형 조언이 많은 것도 그런 추세를 반영하지 않나 싶습니다. 하지만 고독과 고립은 아주 다릅니다. 다른 정도가 아니라 정반대의 벡터를 지니고 있습니다.

20세기엔 고립이라는 단어는 거의 드물었고, 고독이라는 말이 꽤나 유행했습니다. 늘 집단(대가족, 학연이나 지연, 서클 등)에 속해 있었기 때문에 그로부터 '거리 두기'를 하고 싶은 마음이 간절했더랬죠. 집단적 연결망이 두터운 상태에서 어떻게든 자기만의 내적 공간을 확보하려는 몸부림, 그것이 고독입니다. 홀로 강변을 거닌다거나 '바바리코트'의 깃을 올린 채 낙엽을 밟는다거나. 18세기 말 서구 낭만주의 시인들에 의해 유포된 이미지 중의 하나죠.

저도 대학 때 잠시 거기에 빠져 혼자 청량리에서 강릉 가는 기차를 타고 고독을 '씹어본' 적이 있습니다. 결과는 참혹했습니다. 심심해서 미치는 줄 알았습니다. 돌아오는 기차에서 다짐했던 기억이 납니다. 다신 이런 '뻘짓'은 하지 않겠다고. 물론 그 시절에는 그런 여정 속에서 누군가를 만나 로맨스가 탄생하기도, 나아가 시와 예술, 철학이 탄생하기도 했습니다.

돌이켜보면 저는 특히 극내향적 성격이라 혼자 있는 시간이 많았지만 한번도 고립되었다거나 단절되었다는 느낌에 빠져본 적이 없었습니다. 가족, 이웃, 학교, 동아리 등등 어딜 가나 사람들이 와글거리고 거기에 직간접으로 연결되는 게 당연했으니까요. 가난과 독재의 암흑기였지만 세상과 분리되었다는 생각은 들지 않았던 겁니다. 그래서 고독이라는 이미지가 멋져 보인 거죠. 고독을 통해 내적 충만감을 만끽한 다음 언제든 다시 공동체적 연결망으로 귀환할 수 있었으니까요.

하지만 고립은 그와 정반대입니다. 앞서도 언급했듯이 21세기는 핵가족을 넘어 초핵가족, 즉 1인가구가 대세를 이루고 있습니다. 바야흐로 '각자도생의 시대'가 도래한 것이죠. 각자도생은 나름의 시대적 의미가 있습니다. 각 개인이 어떤 구속도 없이 자유롭게 이합집산할 수 있다는 점에서 말이죠. 인문학적 측면에서 본다면 모두가 자기 삶의 주인이 될 수 있는 시대가 열린 셈입니다. 이를 바탕으로 누구와도 연결·접속될 수 있는 가능성이 우리 앞에 펼쳐져 있습니다.

한데 반대로 그 모든 연결을 거부하고 '자기만의 방'으로 후퇴하는 현상이 나타나고 있습니다. 고독이 내적 성장과 변화를 위한 공간을 확보하고자 하는 능동적 행위라면, 고립은 자신만의 공간으로 계속 후퇴하는 수동적 행위입니다. 따라서 고립은 결코 '낭만적'이지 않습니다. 로맨스나 예술을 탄생시키는 내적 충만함의 공간 자체가 증발되었기 때문이죠. 당연히 사색과 성찰도 불가능합니다. 그 좁은 공간에 들어찬 것은 바로 '에고'(ego)입니다. 나밖에 없는, 나뿐인 세상 말입니다.

내면의 공간이 축소되면 그 안에는 오직 에고만 꿈틀거리게 됩니다. 그 에고의 거울에 다시 에고를 투영하다보면 어느새 에고에 중독됩니다. 쉽게 말해 '자의식'만 그득해지고, 그 자의식은 부정적인 감정들로만 들어차기 시작합니다. 왜 그럴까요? 생명의 이치가 그러합니다. 생명은 그 자체로 네트워킹이라 연결되는 만큼 생명력이 차오르는 법입니다. 따라서 연결감이 사라지면 몸에 있는 수분이 줄어들 듯 몸도 마음도 팍팍해집니다. 그러면 저절로 불안해지고 그 불안은 두려움으로, 공포로 이어집니다. 그러다 보면 자꾸 화가 올라오기 시작합니다. 외부로 표출되지 못한 정서적 에너지가 뭉쳐서 울화가 치미는 거죠.

그렇게 에고에 중독되다보면 어느 순간 폭발하기도 합니다. 뉴스를 통해 종종 접하게 되는, 불특정 다수를 향한 '묻지 마 테러' 범죄가 일례입니다. 범인의 정체를 알고 보면, 은둔형 외톨이로 타인과의 교류가 단절되어 있는 경우가 많지요. 누구의 간섭도 받지 않고 마음대로 살았는데 왜 그렇게 분노에 사로잡힌 걸까요? 아마도 그렇게 사는 자신을 하루 종일 비난했을 겁니다. 그런 식의 자기 비난은 어느 순간 외부에 대한 분노로 향하고, 그러다가 문득 극단적인 행위로 표출되죠.

물론 다 이런 끔찍한 테러로 향하는 건 아닙니다. 거꾸로 자신을 '무화'하는 쪽으로 향하면 우울증과 자살충동으로 이어집니다. 자신이 아무 '쓸모가 없다'거나 이렇게 사는 건 '아무 의미가 없다'는 생각에 사로잡히는 겁니다. 그래서 자의식은 일종의 감옥입니다.

혼자는 외롭고 같이는 괴롭고

현실의 감옥에선 감각적 쾌락이 금지되지만, 이 에고의 감옥에선 온갖 감각들이 날마다 자극의 최고치를 갱신합니다. 특히 미각과 시각이 모든 감각을 압도합니다. '먹방'이 그 대표적 장르입니다. 단지 '미각'과 '식탐'이라는 늪에 빠져버린 것이죠. 미각에 빠지면 혼자 먹어야 합니다. 연결을 거부하게 되는 겁니다.

시각적 쾌감 역시 고공행진 중입니다. 인스타그램이 그 주범인데, 멋진 사진 하나에 목을 매기도 하고, 현실과는 아주 동떨어진 허황한 이미지를 남발하기도 하죠. 그렇게 시각적 아름다움을 과시하면서 정작 자기의 거처는 쓰레기로 뒤덮인 경우도 많습니다. 에고가 오직 감각과 결합하게 될 때 나타나는 병리적 증상의 한 예라고 할 수 있습니다.

더 심각한 것은 이 자의식의 감옥에서 보는 외부입니다.

혼자만의 세상이 대세인데 세상은 아주 시끄럽고 떠들썩합니다. 춤추고 노래하고 수다 떨고 열공하고 열일하고, 한마디로 화려하기 그지없습니다. 이렇게 또다시 극단적 이분법이 형성됩니다. 인스타그램에 비춰지는 저 화려한 세계에 진입하려면 아주 특별해야 해, 더 대단해져야 해,라고 생각하는 겁니다.

청년들과 대화를 하다보면 글쓰기에 입문하자마자 '10만부 베스트셀러'가 되겠다거나 '100억대 주식 부자'가 되겠다는 야망을 토로하는 경우가 종종 있었습니다. 처음엔 장난으로 여겼는데, 진심이었습니다. 왜 그렇게 되어야 하는데? 그걸 이룬 다음엔 어떻게 살 건데? 물으면 아무 답을 못합니다. 그런 건 생각해본 적이 없거든요. 하지만 이젠 꼭 청년만의 문제가 아닙니다. 어느새 나이를 막론하고 다 이런 '스타증후군'에 사로잡혀 있습니다. 세상의 관심을 한 몸에 받는 존재가 된다거나 나의 게시물에 '좋아요'가 수만개 달리고 유튜브로 세상을 깜짝 놀라게 한다거나.

에고의 감옥에서 팽창하는 망상과 현실에서 마주하는 좌절. 양극단을 오가다 사회적 진입에 성공한 경우도 더러 있긴 합니다. 그럼 이들은 과연 어떻게 살아갈까요. 정말 '죽기 살기로' 열심히 삽니다. 시간과 능력은 물론 영혼까지 탈탈 털어야 그 세계에서 인정받을 수 있으니까요. 아니, 그래야 한다고 굳게 믿고 있습니다. 그래서 하루가 끝나면 다들 자기만의 방으로 숨어들어갑니다. 그리고 생각하는 거죠. 타인과 함께하는 시간은 다 고역이라고요. 당연합니다. 거기는 공감의 장이 아니라 인정욕망의 늪이니까요. 그러면서 생각합니다. '이건 내 인생이 아니야.' 그때부터 자신에 대한 보상이 시작됩니다. 드라마를 정주행하고 택배 음식에 빠지고 유튜브 알고리즘을 좇고…… 오직 나만이 있는 세상, 에고의 찬란한 공간이 펼쳐집니다.

이런 패턴에 빠지면 거의 대부분 불면증을 앓습니다. 처음엔 참 의아했습니다. 하루 종일 노동과 스트레스에 찌들고 거기다 회식에 야근까지 하고 돌아오면 그대로 잠에 곯아떨어질 거 같은데…… 제 착각이었죠. 보상이 필요하기 때문에 잠들 수가 없는 겁니다.

하지만 이 힐링과 보상에는 치명적 약점이 있습니다. 감각적 위로가 전부라는 것. 여기에 길들여지면 역시 '외딴 방'에 갇혀버립니다. 사회적 장에선 에고를 억누르고 오직 인정욕망으로 일관하다가 자기만의 방에선 감각적 자아만이 활개를 치는 이중생활을 하는 거죠. 낮에는 스트레스, 밤에는 쾌락. 이렇게 억압과 발산의 롤러코스터를 타다보면 당연히 질병으로 이어집니다. 불면증, 공황장애, 번아웃 등등.

직장생활을 할 때는 열정적으로 지내다가 은퇴를 하면 완전히 무력해지는 것도 같은 원리입니다. 은퇴와 동시에 세상과의 교류를 포기하는 경우도 있습니다. 그렇게 힘들었던 직장에서 해방되었는데, 왜 자유를 누리지 못할까요? 사회적 지위가 없으면 남들이 무시할 거라고 굳게 믿는 겁니다. 참 궁금합니다. 그 '남들'은 대체 어디에 있는 걸까요?

무엇이 우리를 혼자로 만들까

돈의 맛

이야기 하나. 대학을 졸업했지만 취업이 어려웠다. 책도 읽고 작가들도 만날 수 있겠다는 희망으로 출판계를 지망했는데 그마저도 쉽지 않았다. 간신히 꽤 규모 있는 출판사엘 들어갔다. 경제적 자립은 가능했으나 업무가 너무 지루하고 따분했다. 결국 8개월 만에 때려치우고 대학원에 진학했다.

이야기 둘. 대학을 졸업하고 '잘나가는' 회사에 들어갔다. 20대에 연봉 5천만원을 받을 정도로 성공했다. 문제는 회사가 잘될수록, 능력을 인정받을수록 야근이 잦았다. 잠 못 이루는 밤이 이어지면서 몸과 마음이 지쳐갔다. 출구를 찾고자 인문학 공부를 시작했고 글쓰기를 하면서 마침내 내면의 목소리가 터져 나왔다. "죽고 싶어요." 결국 퇴사를 선택했다.

첫번째 이야기의 주인공은 40년 전의 '나'고 두번째 이야기 속 청년은 현재 남산강학원에서 활동하는 30대 청년입니다. 40년 전의 내가 원했던 건 세가지, 즉 경제적 자립과 지적 성장, 사회적 연결망이었습니다. 요컨대 '돈과 공부와 사람'이었죠. 인생을 살아가는데 꼭 필요한 요소라고 생각했습니다. 출판사라면 가능할 줄 알았는데 현장은 영 딴판이었습니다. 대학원에 진학하면서 뒤의 두가지는 해소되었지만 돈이 문제였습니다. 각종 아르바이트를 해가며 박사학위를 받았습니다. 교수가 되면 세가지가 두루 해결되리라 기대했지만 교수직 진입에 실패했죠. 대졸 백수에서 박사 실업자가 된 것입니다. 바야흐로 삶 전체를 '리셋'해야 하는 상황이었습니다.

그때 선택한 경로가 '수유연구실'이라는 지식인 공동체였습니다. 일단 지적, 인적 네트워크를 확보하면서 먹고사는 문제를 해결해보자는 심산이었지요. 그렇게 20년이 지났습니다. 숱한 시행착오를 겪었지만 그때의 선택을 조금도 후회하지 않습니다. 만약 그때 돈만 좇았다면(그런 길이 있을 리도 없지만), 그래서 내적 성장과 사람과의 연결을 포기했다면 지금쯤 깊은 공허와 소외감에 시달리고 있을 게 틀림없습니다. 그래서 두번째 이야기를 들려준 청년이 '죽고 싶다'고 울먹였을 때 그 먹먹한 심정을 충분히 이해할 수 있었습니다.

두 이야기 속 청년 사이엔 40여년의 시간이 가로놓여 있습니다. 그간 기술문명은 눈부시게 도약했지만 삶의 패턴은 거의 달라지지 않았습니다. 여전히 청년들은 경제적 자립이라는 목표를 위해 '성장과 연결'을 포기해야만 합니다. 그 사이에서 갈등하거나 방황하면 백수가 됩니다. 2024년 발표된 통계청 자료에 따르면 '그냥 쉬는' 대졸자들이 400만명 이상이라고 합니다. 이런 현상에 대한 여러 해석이 있지만 '양질의 일자리가 부족해서'라는 것이 가장 일반적 논평인 듯합니다.

그럼 '양질의 일자리'란 대체 뭘 말하는 걸까요? 높은 연봉과 복지혜택? 하지만 위의 두번째 사례에서 보듯 그런 직종은 강도 높은 노동을 요구합니다. 일종의 극한 직업이죠. 거기에서 내적 성장과 공동체적 연결망은 요원합니다. 이 말이 좀 추상적으로 느껴진다면 '재미와 의미'로 바꿔도 좋겠습니다. 누구든 돈도 벌면서 성장과 보람도 느끼는 그런 직장을 원하지 않을까요? 그런 직장이 어디 있냐고요? 당연히 거의 없습니다. 왜냐하면 지금껏 그런 비전을 설정한 적이 없으니까요. 배부른 소리처럼 들리겠지만 묻고 싶습니다. 언제쯤이면 그런 노동의 형식이 가능해질까요? 그런 때가 오기나 할까요? 디지털 문명이 노동의 종말을 향해 달려가고 있는 지금 시대에 산업화, 민주화 세대처럼 왜 '뼈 빠지게' 일하고 '죽도록' 돈을 벌어야 하는 거죠? 왜 우리는 여전히 청년세대를 그 뻔하고 서글픈 길로 내모는 걸까요?

이유는 간단합니다. 화폐가 모든 것을 결정한다고 보기 때문입니다. 그 일이 어떤 가치가 있는지, 나에게 어울리는지, 힘들어도 소소한 재미를 즐길 수 있는지 등이 아니라 오직 연봉에만 '올인'하는 겁니다. 직장에 들어가는 데 성공해도 마찬가지입니다. 이후의 성장과 연결보다는 투자를 통해 그 직장을 탈출하는 게 목표입니다. 부동산 영끌도 비슷합니다. 내 집 마련은 빛 좋은 허울이고 사실은 시세차익으로 한방을 노리는 거죠. 모두가 이런 마음이니 대부분은 실패합니다.

이 지점에서 제가 가장 의아한 건 이런 화폐의 '흑마술'에 붙들려 고립을 자초하는 MZ세대의 부모가 87세대라는 겁니다. 참 의아한 일입니다. 저항과 연대의 힘으로 험난한 시대를 통과해온 민주화세대의 유산은 왜 다음 세대로 이어지지 못했을까요?

스위트 홈과 빚 중독

지난겨울 탄핵 시위 과정에서 이런 장면이 있었습니다. 한 집회에서 대학교수가 나와 자신들을 '욕먹어야 하는 세대'로 규정하며 사과를 했습니다. 그는 대학에 다니며 민주주의를 위해 집회와 시위에 열심히 참여하면서도 졸업 이후 산업화세대가 닦아놓은 풍요로운 경제 토대 위에서 사회생활을 시작하고 교수도 되어서 지금까지 안정적인 삶을 누려왔다며, 학생운동을 했다는 우쭐함을 가지고 아랫세대들을 가르치려 하기도 했고 한편으로는 좋은 집과 좋은 차를 갖고 내 새끼 좋은 학교 보내겠다는 목표로 삶의 많은 시간을 보냈다고 고백했습니다. 한마디로 '가족이기주의'에 폭 빠져 있었다는 겁니다. 그러다가 비상계엄을 당하니 정신이 번쩍 들었다는 거죠.

87세대가 반성해야 할 점은 여기에 있습니다. 민주화가 그저 몇년에 한번씩 투표하는 것만은 아닐 겁니다. 진짜 민주주의가 정착되려면 무엇보다 욕망과 일상의 배치가 전면적으로 바뀌어야 합니다. 그 구체적 현장이 바로 가족이고요. 하지만 87세대는 그에 대해서는 참으로 무감했던 것입니다. 돌이켜보면 87세대는 이렇게 생각한 겁니다. 우리는 부모 세대로부터 충분한 사랑을 받지 못했으니 내 자식한테는 아낌없이 주겠다고요. 여기까지는 자연스러운 발로입니다. 문제는 그다음부터입니다. '최고의 옷, 최고의 음식을 먹이겠다' '최고의 사교육을 받게 해주겠다' 등등 한마디로 욕망의 폭주가 시작된 것입니다. 가난과 독재를 다 극복한 세대로서 다음 세대에겐 낡은 관습과 굴레에서 벗어나 더 자유롭고 다양한 실험을 해보라고 북돋아야 했는데 그 점에선 처참히 실패했습니다. 화폐제일주의, 「오징어 게임」 같은 경쟁 속에서 청년들의 방황은 심화되었고 그 결과 배움과 우정이라는 가치가 교실에서 완전히 증발되고 말았죠.

그런 상태로 학교생활을 마치고 성인이 되면 대체 누구와 교감을 나눌 수 있을까요? 교감불능자가 되어 다시 가족의 품으로 돌아가지만, 그때부터 가족관계는 서로에게 질곡이 되어 버립니다. 서로의 감각과 욕망을 채워줄 방법이 없거든요. 당연히 대화는 실종됩니다. 그도 그럴 것이 그동안 욕망(성공, 성적, 돈, 직장, 외식과 쇼핑 등)을 벗어난 대화를 해본 적이 없으니까요. 결국 자기만의 방에 갇히거나 1인가구라는 초핵가족으로 분화되고 마는 겁니다. 이건 실업률이나 국가생산성보다 더 근본적인 문제입니다.

스스로 미친 듯이 돈을 벌고, 다시 자식한테도 더 많이 벌라고 내몰고, 돈을 벌면 탕진하듯 소비하고, 모든 불행을 돈 때문이라 간주하고⋯⋯ 이런 가스라이팅의 구체적 결과가 '빚중독'입니다. 개인부채, 국가부채를 이젠 헤아리기도 어렵습니다.

빚이란 무엇일까요. 우선은 미래를 당겨쓰는 것입니다. 다시 말해 현재의 역량으론 실현 불가능한 물질적 혜택을 지금 당장 누리고자 하는 욕망의 발로죠. 다른 하나는 타인의 몫을 점유하는 것입니다. 질량불변의 법칙상 내가 필요 이상으로 무언가를 누린다면 누군가는 그만큼 빼앗길 수밖에 없습니다. 전자가 시간적 엇박자를 의미한다면, 후자는 관계의 어긋남입니다.

일상이 이런 패턴에 익숙해지면 몸에는 담음이 쌓이고, 마음은 쉴 새 없이 망동합니다.『동의보감』에선 이런 증상을 일러 음허화동(陰虛火動), 즉 정(精)이 고갈되어 화(火)기가 치성해진다고 하고, 현대 의학에선 '염증 수치'가 높아진다고 말합니다. 당연히 각종 질병에 노출되지요. 불면증, 우울증, 공황장애, 인지장애 등등.

그뿐인가요? 빚은 또다시 빚을 부릅니다. 이런 금융자본주의의가 불러일으킨 가장 병리적인 현상이 바로 '영끌족'의 등장이 아닐까 합니다. 이 단어는 언제 들어도 충격입니다. 영혼을 끌어다 빚을 내다니, 막말 중의 막말입니다. 처음에는 금지어가 될 줄 알았는데, 어느샌가 자연스러운 표준어처럼 쓰이게 되고 말았습니다.

그 원천을 따라가보면 애덤 스미스(Adam Smith)류의 자유주의 경제학이 등장합니다. 경제학의 목표를 오직 부를 증식하는 데만 두는 이론이죠. 자본주의의 토대를 이루는 대단한 경제학이지만 이미 당시에도 그 '천박함'에 대한 비판이 여기저기에서 일어났죠. 당연합니다. 누군가 나에게 '돈에다 목숨 거는' 또는 '돈밖에 모르는' 인간이라고 하면 어떨까요? 그야말로 최상급의 욕이라 할 수 있습니다. 그러니 정상적인 지식인이라면 저런 경제학에 동의할 수가 없었겠죠.

19세기의 경제학자 존 러스킨(John Ruskin)은 그런 경제학을 "영혼 없는 인간을 가정한 경제학"이라고 맹비난한 바 있습니다. 그에 따르면 '부'란 '생명' 그 자체입니다. 이 생명은 "사랑과 환희와 경외가 모두 포함된 총체적인 힘"이라는 겁니다. 따라서 경제에서 영혼을 제거하면 '인간적 미덕'은 모두 증발해버립니다.

우리 주변에서도 찾아볼 수 있습니다. 대출을 받을 때는 그토록 담대하면서 세금 앞에서는 부들부들 떠는 찌질이들, 빚

딩을 소유하고 있으면서도 친구한테 밥 한끼 편히 사지 못하는 인색한들, 편법과 비리를 무시로 자행하면서도 수치심이라곤 없는 공직자들. 놀랄 일도 아닙니다. 돈에 중독되어 영혼까지 탈탈 털어버렸으니 지극히 당연한 노릇이라 봐야겠죠.

**사실 모두에게는
연결되고 싶은 열망이 있습니다**

솔직히 말합시다!

만약 혼자가 좋다면 무인도나 시골 오지가 제일 좋을 것입니다. 그런데 왜 한국인들은 다 서울로 몰려들까요? 서울에서도 사람들이 운집한 곳, 시끌벅적한 곳을 찾아갑니다. 콘서트장이나 각종 축제 현장, 심지어 시위 현장까지, 그게 바로 '연결 본능'입니다. 사람들과 연결되어 있다고 느끼고 싶은 겁니다.

제가 어린 시절에는 집에 있는 시간이 거의 없었습니다. 무조건 밖으로 나가야 했죠. 지금은 집집마다 아주 쾌적하고 근사한 공부방이 있습니다. 캠퍼스 곳곳에 있는 공간들도 아주 근사합니다. 그런데도 대부분의 청년들은 굳이 카페에 가서 공부를 합니다. '카공족'이라는 말이 생겼을 정도잖아요. 중장년도 마찬가지입니다. 아파트 뷰와 인테리어가 아무리 근사해도 거기서 종일 홀로 머무는 이는 없습니다. 있다면 그건 '이상신

호'라고 봐야 합니다. 결국 사람은 사람이 있는 곳으로 움직이는 법입니다.

깊은 산중으로 은둔하여 자연인으로 사는 분들도 있긴 합니다. 또 출가해서 깊은 산중으로 들어가시는 분들도 있고요. 하지만 그분들 역시 고립을 선택한 건 아닙니다. 자신과의 깊은 대화, 또 자연과의 교감을 선택한 것일 뿐입니다. 실제로 그분들은 나무와 새, 심지어 벌레들하고도 '친구 맺기'를 합니다. 그래야 살맛이 나거든요. 아무리 경치가 좋아도 교감과 소통이 없으면 마음은 대책없이 헛헛해지는 것입니다.

현대인들은 유튜브에 대한 선호도도 아주 큽니다. 최근 들어 초등학생들이 선호하는 미래의 직업으로 유튜버가 높은 순위를 기록하고 있습니다. 그것도 좀 이상한 일입니다. 거기야말로 온갖 타자들의 욕망이 득시글거리는 곳 아닙니까? 댓글들은 얼마나 적나라한데요. 그런데도 그 직업을 선호한다는 건 쉽게 돈을 벌 수 있다는 잘못된 정보 때문이기도 하지만, 결국은 소통에 대한 강렬한 열망의 표현입니다. 인스타그램에 끊임없이 자신의 일상을 공유하면서 '좋아요'의 숫자를 헤아리는 것도 마찬가지죠. 많은 사람들이 자신을 지켜봐주고 응원해주고 걱정해주기를 바라는 겁니다. 그러니 이젠 좀 솔직히 말합시다! 겉으로는 '혼자가 편해' '인생은 어차피 혼자야'라고 외치지만 늘 마음 깊은 곳에는 연결본능이 꿈틀거리고 있다는 사실 말입니다. 우리는 그 마음에 응답해야 합니다.

슈퍼맨 아니면 빌런

문제는 그 응답의 형식이 좀 부자연스럽다는 데 있습니다. 요즘 드라마나 영화를 보면 '슈퍼맨'(혹은 귀신)들이 자주 등장합니다. 초능력을 터득한 은둔자들(혹은 비인간)이 갑자기 나타나서 악당들을 응징하고 영웅이 되는 스토리죠. 그 서사의 바탕을 잘 따져보면, 혼자 뭔가를 갈고 닦거나(과정은 거의 생략되고 시간의 변화와 함께 갑자기 짠! 하고 나타나죠) 아니면 어떤 외부적 힘(번개, 타임슬립, 유전자변형 등)에 의해 갑자기 엄청난 능력을 소지해야만 세상과 교류할 수 있다고 보는 거예요. 전제가 좀 황당하긴 하지만 여기에도 연결에 대한 원초적 본능이 깔려 있습니다. '세상에 나가고 싶다. 하지만 지금 상태로는 내 처지가 너무 형편없다. 그러니 힘을 키워야 한다'는 식의 망상기제가 작동하는 거죠.

그 경로를 세밀하게 추적해보면, 고립된 자아는 자신과 세계를 고정시켜 놓고 양적으로 비교하는 일에만 몰두합니다. 그러면 어떻게 될까요? 세상이 너무 압도적으로 느껴져서 무력감에 빠지거나 혹은 분노가 치솟게 됩니다. 세상과 자아를 완전히 분리시켜버리는 거예요. 이게 전도망상입니다.

먼지 한톨에도 우주가 있다는 게 자연의 원리입니다. 거기에는 나도 없고 너도 없습니다. 오직 상호작용만 있을 뿐입니다. 상호작용에 의해 '나와 너'가 만들어지는 것이죠. 예컨대 바다와 분리된 물방울은 바로 증발됩니다. 반면, 바다와 연결된 물방울은 광대무변한 세계를 만나는 거죠. 이런 이치를 외면하고 망상 속에서 세상과 맞서면 백전백패합니다.

지금 시대는 우정이라는 상호작용이 실종된 대신, 누군가 나에게 박수를 쳐주고 '그동안 외로웠지?' '넌 정말 멋져'라고 말해주기를 바라고 있는 듯합니다. 이건 우정이 아니라 팬덤에 가깝습니다. 그런 면에서 슈퍼맨에 대한 갈망은 세상과 교감하고 싶다는 의식도 깔려 있지만, 다른 한편 그 교감을 오직 인정욕망의 틀에서 사유하는 왜곡된 방식도 내재하고 있는 겁니다. 다른 사람을 압도하는 능력을 갖추어야만 세상에 나갈 수 있다는 생각은 열등감과 우월감의 기이한 짬뽕이거든요.

그리고 그런 프레임에 갇히게 되면 슈퍼맨이 아니라 빌런이 되기 십상입니다. 선한 영향력으로 세상을 놀라게 하기는 정말 어렵기 때문이죠. 그걸 깨닫게 되면 점점 자책과 불만에 사로잡히게 됩니다. 그러다보면 어느새 '세상을 놀라게 하고 싶다'는 마음만 남습니다. 그리고 그 욕구를 가장 손쉽게 해소하는 방식이 '악당 짓'을 하는 겁니다.

요즘도 종종 등장하는 '악플러'들이 그런 경우입니다. 테러와 암살 같은 무시무시한 내용들을 댓글로 마구 쏟아내고는 막상 수사가 들어가면 자수를 하거나 급반성 모드로 전환합니다. 왜 그랬느냐고 하면 '관심 끌고 싶어서' '멋져 보이고 싶어서'가 대부분입니다. 심지어 사이코패스 범죄자들조차 자신의 범죄가 언론의 주목을 받는 걸 은근히 즐긴다고 합니다. 무슨 뜻일까요? 그 행위의 근저에 자신의 존재를 세상에 알리고 싶다는 마음이 있는 겁니다. 참 끔찍한 방식이긴 하지만 그들 나름으로는 '세상을 향한 말 걸기'를 시도하는 셈이죠.

'영웅이 득세하면 난세'라는 말이 있습니다. 그래서 저는 슈퍼맨이나 초현실적인 능력을 가진 주인공들이 나오는 드라마를 좋아하지 않습니다. 주제는 정의로운 복수인 경우가 많지만, 역설적이게도 그런 트렌드가 현실에선 '빌런들'을 더 양산해낼 수 있기 때문입니다.

누구나 알고 있듯이, 세상의 주류는 보통사람들이라 초능력 따위는 필요하지 않습니다. 지금 정말 필요한 건 우정과 연대입니다. 너무 평범한가요? 하지만 이건 세상을 살아가는 최고의 동력이자 전략입니다. 12·3 비상계엄 이후 광장에 나와 탄핵을 외치는 이들 역시 보통 사람들이었습니다. 수많은 깃발들 가운데 '전국 누워 있기 연합'이라는 단체가 기억에 남습니다. 오랫동안 자기만의 방에 갇혀 있던 이들이 세상 밖으로 나와 순식간에 여의도 광장을 가득 메운 것입니다.

계엄 선포 직후 헬기가 국회에 내리고 장갑차가 다가올 때 그걸 온몸으로 막은 이들 역시 그냥 보통 시민이었습니다. 어디선가 갑자기 등장한 슈퍼맨이 아닙니다. 비상계엄의 명령을 거부한 군인들, 잠자리에 들다 말고 일어나 잠옷과 슬리퍼 차림으로 달려간 이들, 자전거로 달려간 이들. 그들은 특별한 능력을 전혀 갖고 있지 않았어요. 그래서 모두와 연결될 수 있었던 겁니다. 각자도생을 외치면서도 '국가폭력만은 안 돼' '사람들이 다치면 안 돼'라는 마음이 서로를 이어주고 있었던 것이죠. 이 마음은 지극히 평범한 것입니다. 이 평범함 앞에서 707부대 군인들이 무너진 것입니다. 만약 슈퍼맨 비슷한 존재가 출현했더라면 오히려 유혈사태가 벌어졌을 가능성이 큽니다. 힘이 아니라 연결이 민주주의의 동력이라는 걸 잊어서는 안 됩니다.

　자본과 내란에 의해 붕괴된 공동체적 연결망을 어떻게 회복할 것인가? 이것이 앞으로 시대적 미션이 될 터, 우리 모두에게 숨 쉬고 있는 연결본능을 일깨우는 일이 절실한 이유입니다.

읽고 쓰고 말하기,
연결의 첫걸음

책과 에로스

얼마 전 한 유튜브에 출연해 '출산율과 인문학'이라는 주제로 강연을 하게 되었습니다. 처음 강연 요청을 받았을 때 출산과 인문학이 어떻게 연결될까 좀 의아했는데, 몇가지 설문조사 결과를 보고 감이 잡히기 시작했습니다.

2021년 미국의 퓨리서치센터에서 한국을 포함한 17개 선진국을 대상으로 '삶을 의미있게 하는 것은 무엇인가'를 묻는 여론조사를 실시했는데, 서방국가 대부분은 '가족'을 꼽은 데 반해, 유일하게 한국은 '물질적 풍요'를 첫째로 꼽았습니다. 또 '친구나 공동체적 유대가 지니는 중요성'을 선택한 비중도 세계 최하 수준으로 낮았습니다. 이 데이터를 하나로 엮어보면, 관계나 활동은 됐고 오직 '한 방'으로 물질적 쾌락을 맘껏 누리고 싶다,가 됩니다. 대략 감을 잡긴 했지만 이렇게 수치로 확인을 하니 당혹스러웠습니다.

한데, 주목할 만한 또 하나의 통계가 등장했는데, 다름 아닌 독서율입니다. 2023년 문화체육관광부의 조사에 따르면 우리나라의 성인 10명 가운데 6명 이상이 1년에 책을 단 한권도 읽지 않는다고 합니다. 좀 충격이었습니다. 역사적으로 거슬러 올라가면 조선은 성리학, 고려는 불교 등 한반도에서는 유구하게 문치가 대세였습니다. 오랜 시간 이 땅에서 삶의 최고 가치는 독서였습니다. 그 덕분에 지금도 세계 최강의 학력을 자랑하는 나라가 되기도 한 것인데, 독서율이 저 지경이라니!

나는 60년대에 태어난 이른바 '베이비부머' 세대입니다. 나라에서 '둘만 낳아 잘 기르라'고 강요할 때도 기본은 대여섯을 낳았던 때였죠. 동네가 아기들의 울음소리로 그득했습니다. 그리고 이 세대가 자라서 87년 민주화운동의 주역이 됩니다. 1980년대 대학의 학생회관은 혁명의 열기 못지않게 에로스가 충만했습니다. 혁명과 에로스, 언뜻 양극단에 있을 법한 두 항목을 매개한 것은 다름 아닌 책이었습니다. 세상을 바꾸려면 책을 읽어야 했지요. 미팅을 할 때도 철학과 시를 이야기해야 멋져 보일 수 있었습니다. 말하자면 대화와 토론, 즉 로고스의 향연이 도처에 흘러넘쳤고, 그것이 에로스의 강력한 동력이기도 했습니다. 드라마 「폭싹 속았수다」에도 주인공 관식이 문학 소녀인 애순에게 잘 보이려고 유치환 시인의 「깃발」을 소리 높여 낭송하는 장면이 나오기도 합니다. 혁명과 연애, 그리고 책이 매끄럽게 이어지던 시대였습니다.

87년 거리에서 독재타도를 외칠 때 다들 생각했습니다. 민주화가 이루어지면 대학은 '에로스와 로고스의 광장'이 될 것이라고. 하지만 보다시피 아니었습니다. 지금은 온통 먹방과 쾌락, 피지컬의 시대입니다. 그사이 책과 지성은 청년문화에서 증발되어버렸습니다. 예측이 완전히 빗나간 셈이죠. 그것도 몹시 씁쓸한 상황이긴 하지만, 더 이상한 건 요즘 대중문화의 모든 테마가 사랑임에도 불구하고 현실에서는 연애가 점점 어려워지고 있다는 사실입니다. 놀랍게도 연애 자체를 포기한 청춘도 많습니다. 단군 이래 청춘의 연애가 이토록 힘겨웠던 시절이 있었을까요?

하여, 이젠 확실히 알겠습니다. 감각적 탐닉이 곧 에로스로 이어지는 건 아니라는 사실을. 사랑은 하룻밤의 열기가 아니라 마주침과 교감의 열정에서 비롯합니다. 결혼, 임신, 출산은 절정이자 대단원에 해당합니다. 아주 낯선 타자들이 서로 만나 생명을 창조하는 엄청난 일까지, 이는 '감각적 취향'의 공유만으로는 불가능합니다. '스펙'이나 '육각형' 따위로 되는 건 더더욱 아니고요. 그런 교감은 순식간에 먼지나 연기처럼 흩어져 버리거든요. 관계의 지속성이 이루어지려면 취향과 감각의 단계는 물론이고 세속적 기준(외모와 키, 학벌 등)도 뛰어넘어야 합니다. 감각에서 감성으로, 취향에서 세계관으로! 이런 관계가 형성되려면 어떻게 해야 할까요? 책을 읽어야 합니다.

캠퍼스는 정말 멋집니다. 하지만 청년의 활력은 거의 찾아보기 어렵습니다. 한때는 일부 대학의 문제였는데 지금은 서울 도심에 있는 유서 깊은 대학들도 같은 처지가 되었습니다. 이유는 간단합니다. 캠퍼스 안에 자율적으로 운용되는 동아리 활동이 많이 사라졌기 때문입니다. 지적 열정을 나누지 않으니 친구가 없고, 친구도 없으니 캠퍼스에 머무를 이유가 없는 거죠. 우정의 네트워크가 풍부해야 그 속에서 에로스가 싹트는 법인데 그 원초적 기반이 무너진 겁니다. 그러자 연애 또한 일종의 스펙이 되어버렸습니다. 공부도 경쟁, 취업도 경쟁, 거기에 연애마저 게임이 되니 청년들에게는 한마디로 삼중고가 되어버린 거죠. 이런 마당에 결혼과 출산은 먼 나라 이야기입니다. '출산율 저하'와 '독서율의 하락'은 아주 '심오하게' 연결되어 있었던 셈입니다. 결국 책과 지성이 살아나지 않는다면 청춘의 에로스가 활짝 피어나기는 어렵지 않을까, 하는 생각이 듭니다.

읽기는 말하기로, 말하기는 쓰기로

사실 저는 이 방면에 대한 아주 풍부한 인류학적 데이터를 갖고 있습니다. 2012년부터 인문학공동체 감이당과 남산강학원을 꾸려왔기 때문이죠. 우리 공동체에선 동양고전을 중심으로 의역학, 양자역학 등 다양한 분야를 함께 공부합니다. 제도권이나 스펙과는 아무런 연계가 없기 때문에 이 공부는 어떠한 보상도 없습니다. 하지만 지난 13년 동안 많은 사람들이 '자원방래' 하고 있습니다. 세대로는 20에서부터 80까지, 공간적으로는 지방과 해외까지 넓게 포진되어 있습니다. 이런 식의 네트워크를 가능케 한 원동력은 바로 책, 특히 고전입니다.

스펙도 아니고 자기계발도 아닌데, 왜 이 어렵고 두꺼운 책들을 읽을까요? 자신에 대해서, 세계에 대해서 알고 싶어서죠. 인간과 우주에 대한 이 심오한 세계를 탐사하기 위해서는 함께 읽어야 합니다. 혼자서는 지속적으로 읽기도 힘들뿐더러 이치를 파악하는데도 분명 한계가 있습니다. 따라서 읽기는 당연히 누군가를 만나는 행위로 이어집니다. 길잡이기도 하고 도

반(道伴)이기도 한, 이런 배움과 우정의 기초 위에서 멘토나 동료를 만나고 사랑도 싹트는 법입니다.

특히 우리 시대 청년들은 정보 수집의 차원에선 거의 도통한 수준입니다. 검색의 달인들이니까요. 하지만 그것만으로는 부족합니다. 지식과 매뉴얼 그 이상의 심층적인 영역이 필요하지요. 또 시공간의 지평을 넓히는 원대한 비전도 필요하고요. 그래서 고전을 만나야 합니다.

한편 읽기는 자연스럽게 말하기로 이어집니다. 말은 가장 '인간적인' 행위입니다. 진화의 핵심이기도 하죠. 한데 요즘은 말을 그저 수단이나 선택 사항 정도로 여기는 것 같습니다. 해도 되고 안 해도 되는 식으로 말이죠. 절대 아닙니다. 말하기는 인간의 행위 가운데 핵심입니다. 불교에서는 윤회의 핵심을 삼업, 즉 신(身)·구(口)·의(意)라 하는데, '행동과 말과 생각'이 그것입니다. 말도 행위에 속하는데 말을 다른 행동과 분리한 겁니다. 말의 힘과 에너지가 그만큼 엄청나다는 뜻입니다. 우리가 겪는 번뇌의 8할은 말로 인한 것입니다. 명리학에서도 말은 재앙이나 복을 불러올 수 있다고 하여 운명의 한 과정(식신, 상관)을 별도로 차지하고 있습니다.

그럼에도 지금 우리 시대는 말하기를 훈련하는 장이 거의 없습니다. 학교에서도 낭송이나 토론 문화는 보기 드물고, 스마트폰과 SNS가 일상을 잠식하면서 언어 능력은 나날이 저하되고 있습니다. 언어 능력이 떨어진다는 건 자신의 생각을 명료하게 전달하지 못한다는 뜻입니다. 동시에 경청하는 능력도 떨어지게 됩니다. 그러다보면 자연스럽게 자의 반 타의 반으로 거짓말이 일상화됩니다.

가족관계에서 특히 그렇게 됩니다. 우리 시대 가족들은 불통이 기본입니다. 특히 '돈'이나 '성' 등 가장 중요한 사항들에 관해 솔직하게 털어놓는 법이 없습니다. 주고받는 건 피상적이고 습관적인 멘트뿐, 그리하여 가족은 서로를 잘 모릅니다. 그 결과 대화를 할수록 감정이 더 쌓이는 관계가 되어버렸습니다.

공적인 영역은 더 심각합니다. 돌이켜보면 내란 정국에서 온 국민의 신경을 자극한 건 내란범들의 거짓말이었습니다. '즉시 들통날' 거짓말, '뜬금없는' 거짓말, '자해에 가까운' 거짓말 등등. 그 역겨움과 비루함은 전국민의 정신건강에 치명적일 정도로 악영향을 끼칩니다. 참된 민주주의는 다른 모든 것을 떠나 '언어능력의 회복'이라고 할 수 있습니다. '올바른 말', '때에 맞는 말', '유쾌한 말', 이런 말은 공감의 파동을 불러일으키며 사람과 세상을 이어줍니다. 이런 능력을 고양시키려면 읽어야 합니다. 읽고 말해야 합니다. 읽으면 말하게 되고, 말을 주고받으면 또 읽게 됩니다.

덧붙이면, 우리말은 정말 잠재력이 무궁합니다. 유머와 해학, 풍자의 맛도 단연 세계 최강입니다. 지난 탄핵 광장에서 바로 이 '말의 힘'이 유감없이 발휘되었죠. 계엄이라는 국가폭력을 평화롭게 진압하고 민주주의를 회복할 수 있었던 저력도 거기에 있었노라고 확신합니다.

읽기와 말하기, 그 연장선에 쓰기가 있습니다. 읽기를 하다 보면 자연스레 쓰기를 하게 됩니다. 음악이나 미술, 스포츠 같은 장르는 타고난 재능을 필요로 하지만 글쓰기는 다릅니다. 재능이 아니라 본성에 가깝습니다. 누구나 쓰기에 대한 열망이 있다는 말입니다. 왜 그럴까요? 바로 창조와 연결에 대한 본능 때문이지요. 인간은 무언가를 창조하고 그걸 통해 세상과 연결되기를 갈망합니다. 그때 비로소 살아 있다고, 살아 있어 참 좋다고 느낍니다.

글쓰기를 시작하면 먼저 읽기의 강도가 달라집니다. 그냥 독자(혹은 구경꾼)로서 읽을 때와는 전혀 다른 독서가 시작됩니다. 책에 담긴 수많은 지층 혹은 여백들과 강렬하게 접속하게 됩니다. 그냥 읽을 때는 보이지 않던 것들이 살아 움직이게 되는 거죠. 또 쓴다는 행위는 누군가 나의 글을 읽는다는 것을 전제로 하는 행위입니다. 그런 점에서 이미 '타자와의 연결'이 내 신체와 일상에 육박해 들어오게 됩니다. 그 자체로 대화와 소통이 시작되는 겁니다.

감이당을 이끌어온 동력도 거기에 있습니다. 감이당의 글쓰기 방식은 대략 이렇습니다. 먼저 책을 읽고 강의를 듣습니다. 그다음 구체적인 실행은 5~9명 단위의 조별 토론에서 이루어집니다. 문제 설정과 개요 작성부터 초고 그리고 수정, 완성까지. 그 과정에서 수많은 피드백이 오고 갑니다. 다른 사람의 의견을 들은 다음 다시 고치고 또 고치고…… 서로 낯선 사람들이 모여 새로운 언어를 창조하는 과정을 함께 밟아가는 겁니다. 당연히 서로에 대해 많은 것을 알게 됩니다. 우정이 싹트는 거죠.

이런 과정을 통해 감이당과 남산강학원에서는 많은 저자들이 탄생하기도 했습니다. 청년들의 시선으로 연암 박지원, 니체, 들뢰즈와 가타리, 루크레티우스 등의 고전을 읽은 『청년, 연암을 만나다』(북드라망 2020)이나 『청년, 루스레티우스를 만나다』(북드라망 2023) 등 '청년 시리즈'도 있고, 주역64괘를 자신들의 삶과 연결시킨 '내 인생의 주역'(북드라망) 시리즈도 두

권이나 있습니다. 이밖에도 학인들의 다양한 책들이 매년 출간되고 있습니다. 또 저자가 되어 강의를 하고 세미나를 이끌 수 있게 되면 본격적으로 한 공동체의 주인이 될 수 있지요. 쓰기를 통해 삶의 형식이 완전히 바뀌는 것입니다.

읽기만으로는 이런 식의 몰입과 강렬함을 만들어내는 데 한계가 있습니다. 독서클럽의 수명이 짧은 것도 그 때문입니다. 그래서 읽기와 말하기는 반드시 글쓰기로 이어져야 합니다. 관계를 맺는 방식으로도 최고죠. 함께 질문을 던지고 그 답을 찾아가는 과정, 서로 격려하고 비판하면서 새로운 생각들을 창조해가는 과정. 낯선 존재들과 깊은 우정을 나누는 첫걸음으로 이보다 더 좋은 게 있을까요?

**자기를 위한 욕망에서
타인을 위한 사유로**

인생은 하루다

읽고 말하기, 쓰기가 연결의 첫걸음이라고 했습니다. 그럼 이런 반문이 나올 수 있습니다. 먹고살기 바쁜데 언제 그런 걸 하냐고요. 맞는 말입니다. 그러면 먹고사는 문제는 언제 해결될까요? 영원히 끝나지 않습니다. 그리고 우리가 추구하는 건 먹고사는 삶이 아니라 '좋은 삶'입니다. '좋은 삶'에 대한 기준은 각기 다를 수 있지만 가장 기본적인 사항이 하나 있습니다. 물질과 정신이 조화를 이루어야 합니다. 우리 자신이 육체와 정신의 결합이기 때문이죠. 지금 우리 사회가 겪는 많은 문제는 몸과 마음의 소외, 즉 몸과 마음이 따로 노는 데 있습니다.

"밤에 잠들 때 제발 아침에 눈을 뜨지 않게 해달라고 빌었다"고 고백한 한 청년은 대학을 졸업하고 사회운동 단체에서 활동했습니다. 나름 뚜렷한 신념을 가지고 시작했지만 막상 현장에선 모든 것이 혼란이었다고 합니다. 활동과 마음 사이의 간극을 어떻게 메워야 할지를 몰랐던 겁니다. 또다른 청년은 "회사 가는 게 너무 힘들어서 출근버스가 고장 났으면 좋겠다는 생각까지 했다"라는 말을 하기도 했습니다. 꽤 유망한 회사에 들어갔고 처우도 괜찮은 편이었습니다. 하지만 동료들과의 관계에서 지독한 균열을 겪었는데, 그걸 어떻게 헤쳐가야 할지를 몰랐습니다. 아마 대부분의 청년 혹은 직장인들이 이런 식의 소외나 괴리감을 겪고 있을 겁니다.

그럼 어떻게 해야 몸과 마음, 물질과 정신이 조화를 이룰 수 있을까요? 이런 질문을 하면 대개 아주 큰 '덩어리'로 생각하는 경향이 있습니다. 물질적 요소가 충분히 충족된 후, 즉 일의 성취와 화폐의 축적이 이루어지거나 혹은 충분히 늙은 다음, 그때가 오면 정신 혹은 마음에 대해 생각해보겠다는 식이죠. 물론 패착입니다. 그런 시간은 오지도 않을뿐더러, 설령 그런 때가 도래한다 해도 불가능한 일입니다. 이미 물질과 소유만을 위해 전력질주한 다음이라 멈출 수가 없기 때문입니다.

핵심은 '지금 당장' 시작해야 한다는 겁니다. 가장 좋은 방법이 일상, 즉 하루를 기준으로 삼는 것입니다. 우리의 사유구조는 대체로 '뭉쳐진 실타래'나 '뒤엉킨 억새풀'과 같습니다.

미래를 기획할 때도 막연히 10년 후, 30년 후를 그리는 습관이 있습니다. 하지만 생각해보세요. 누구든 어느 날 탄생하고 어느 날 죽습니다. 더 세분하면 어떤 순간이라고 해야 맞겠죠. 그래서 하루를 어떻게 살아내느냐, 즉 오늘의 패턴과 방향이 인생 전체를 가늠한다고 봐도 무방합니다. 따라서 지금의 처지가 어떻든 하루에 단 1시간, 아니 단 10분이라도 정신활동의 시간을 확보해야 합니다. 하루에 한 페이지 독서, 한 단락의 필사, 10분 정도의 사색 혹은 명상 같은 것들이요. 이건 누구에게나 가능합니다.

인류문명사는 지금까지 노동시간을 줄이는 방향으로 발전해왔고 다가오는 AI시대는 기계가 거의 모든 노동(육체와 정신)을 대체하게 된다고 합니다. 그럼 인간은 뭘 해야 할까요? 아마 여행, 취미, 오락 등등을 떠올릴 것입니다. 물론 중요한 일들이지만 거기에는 지속가능한 의미와 가치가 희박합니다. 아무리 멋진 풍경도 일주일이면 지쳐버리고 아무리 맛있는 음식이라 해도 곧 싫증이 나는 법이거든요. 하여 감각을 넘어선 감성, 욕망을 넘어선 지성을 계발해야 합니다.

한가지 아주 중요한 사항이 또 있습니다. 앞에서 보았듯이 우리가 맺는 관계는 두 종류 양극단을 오갑니다. 하나는 소유와 애착으로 점철된 가족(혈연), 다른 하나는 교환과 이해관계로 얽힌 사회적 인맥. 끓탕 아니면 냉탕입니다. 이 양극단을 오가다보면 자기 삶을 긍정할 동력을 잃고 지치기 쉽습니다. 그래서 반드시 그 '사이'의 공간을 창출해야 합니다. 자신과의 진솔한 대화, 타자와의 진실한 소통이 이루어지는 '사이 공간' 말입니다. 비록 하루에 1시간, 아니 10분일지라도.

욕망에서 사유로

현대인이 사로잡힌 주술 가운데 하나는 '피지컬'에 대한 과도한 집착입니다. 외모지상주의는 거의 종교적 교리에 가까운 수준입니다. 그에 반해 정신과 영혼, 기질과 성격 등 보이지 않는 비물질의 영역에는 거의 관심을 두지 않습니다. 이 자체가 '몸 따로 마음 따로'의 상황에 해당한다고 볼 수 있겠죠. 물론 몸과 마음은 분리할 수 없습니다. 몸은 그 자체로 마음이고, 마음의 구체적 현상이 곧 몸입니다. 하지만 현대인은 둘을 완전히 분절시켜놓고 몸만 잘 가꾸면 된다고 간주합니다. 하지만 생각해보세요. 몸과 마음 가운데 어느 쪽이 더 강력할까요? 단연코 마음입니다. 사람의 마음을 움직이는 건 산을 옮기는 것보다 더 어렵습니다. 앞의 청년들의 사례들이 보여주듯, 방향이 분명치 않거나 관계가 어그러질 때 겪는 심적 고통은 돈이나 명예 따위로는 절대 해결되지 않습니다.

마음의 스펙트럼은 아주 넓습니다. 감각, 취향, 감정, 감성, 이성, 논리, 영성 등등. 현대인은 이 중에서 주로 감각과 취향, 감정에만 몰두하는 경향이 있습니다. 그러다보니 그것을 채우기 위한 욕망이 자아를 차지해버리고, 타인과의 교감은 점점 더 어려워지게 됩니다.

그 빽빽한 공간에 틈새를 만드는 것이 바로 사유입니다. 사유란 '나는 누구인가?'에서 시작하는, 그 자체로 '타자를 향한' 운동입니다. 나에 대한 성찰을 하다보면 내 안에 무수한 타자들이 공존한다는 걸 깨닫게 됩니다. 자연스럽게 '나'를 넘어 타자, 타자에서 다시 인간 일반, 그리고 생명으로 나아가게 되는 거죠. 나라는 존재가 세계와 연결되어 있음을 깨닫게 된다는 뜻입니다. 고립된 자아에서 타자와의 능동적 교감으로 일상의 패턴과 방향을 바꿀 수 있도록 노력해야 합니다. 이런 전환이야말로 삶의 동력입니다.

뇌과학적으로 볼 때도 그것이 우리의 뇌가 진정 원하는 일이라고 합니다. 『이토록 뜻밖의 뇌과학』(더퀘스트 2021)의 저자 리사 펠드먼 배럿(Lisa Feldman Barrett)은 "우리 뇌가 생명과 건강한 몸을 유지하기 위해서는 다른 사람이 필요"(137면)하고, "우리 신경계는 다른 사람들의 보살핌을 받"으며 "우리 뇌는 다른 사람들의 뇌와 비밀리에 함께 작동한다"(143면)고 합니다. 그게 생명력의 핵심이라는 거죠. 이는 거꾸로 자아에 갇혀 있는 것이 얼마나 반생명적인지를 지적하는 말이기도 합니다. 그 연결망의 핵심은 역시 '말'입니다. "인간은 말로 서로를 조절한다. 몸에 미치는 언어의 힘은 아주 멀리까지 뻗어나간다."(132면) 말의 파동이 계속 공명을 일으킬 수 있다면 뇌는 계속 운동할 것입니다. 사유에서 언어로, 언어에서 타자로 나아가는 순환구조를 갖게 되는 거지요.

더구나 지금은 양자역학의 시대가 아닙니까? 물론 양자역학을 이해하기 쉽지는 않지만 난해한 내용을 하나하나 따라가다보면 아주 심오한 원리들과 마주치게 됩니다. 유명한 '이중 슬릿 실험'에 따르면 '관찰자와 관찰 대상은 분리되지 않는다'고 합니다. 전자가 입자인지 파동인지는 오직 관찰의 순간에만 결정된다는 겁니다. 관찰자의 시선이 관찰 대상과 상호작용을 한다는 거죠. 그럼 관찰 이전에는 어디에, 어떻게 존재했던 걸까요? 오직 확률로만 존재한다고 합니다. 달리 말하면 결정체가 아니라 잠재태로 존재한다는 뜻입니다. 그렇다면 우리가 살아가는 이 '견고한' 세상은 뭘까요? 그것은 양자들의 요동 속에서 탄생한 '상호작용의 네트워크'일 뿐입니다. 조건에 의해 잠시 생겨났다 조건이 바뀌면 사라지는.

물론 이런 원리들은 동양고전에선 아주 익숙한 메시지들입니다. 만물이 고정된 실체가 없이 조건에 따라 발생하고 소멸한다는 연기법(緣起法)을 통해 무상(無常) 무아(無我)를 이해할 수 있다는 붓다의 가르침이나, 장자의 무위자연(無爲自然, 존재가 곧 자연이다), 『주역』의 '역'(易, 변화 그 자체)의 원리 등이 비슷한 내용을 담고 있거든요. 아인슈타인(A. Einstein)을 비롯해 데이비드 봄(David Bohm)과 같이 전세계적으로 영향력을 행사하는 물리학계의 거장들은 대부분 동양고전, 특히 불교의 가르침을 적극 활용하고 있습니다. 21세기 지성사를 '동양의 오래된 지혜와 현대 물리학의 크로스'로 규정하는 것도 그 때문입니다.

우리 역시 양자역학의 이런 깨달음을 삶의 영역에 적극 활용할 수 있지 않을까요? 그러나 현대인들은, 인터넷과 스마트폰이 세상 모든 것을 다 연결했음에도 자기만의 방에 갇혀서 오직 나뿐인 세상을 고수합니다. 주체와 대상을 분리할 수 없다는 근본적이고 혁신적인 이론 앞에서 주체와 대상을 날카롭게 구획하는 낡은 이원론에 빠져 있는 것입니다. 오래된 습속 안에 여전히 갇혀 있는 셈이죠. 지금껏 고수했던 방식을 넘어 삶을 근본적으로 바꿀 수 있는 사유를 고민해야 할 때입니다.

광장의 연결을 우리의 일상으로 ①
—명랑하게 심오하게

헬조선에서 광장의 파토스로

2024년 12월 3일 밤 10시 28분, 초현실적이고도 그로테스크한, 아니 그 무엇으로도 설명 불가능한 사건이 벌어졌습니다. 그런데 그 이후 더 놀라운 일이 벌어졌습니다. 그토록 갈망하던 광장이 열린 것입니다. 게다가 이 광장의 파토스를 주도한 건 각자도생의 시대를 살아가던 2030세대였습니다. 자기만의 방에 갇혀 '헬조선'을 되뇌던 그들이 광장으로 쏟아져나온 거죠. 광장의 열기는 뜨거웠습니다. K팝과 민중가요, 비장과 유머가 뜨겁게 교차하는, 그야말로 '다시 만난 세계'였습니다.

2025년 정월, 해가 바뀌면서 두개의 전선이 형성되었습니다. 탄핵 찬성 대 탄핵 반대. 언뜻 보면 정치적 대립 쌍처럼 보이지만 사실은 그렇지 않습니다. 둘 사이엔 아주 현저한 비대칭이 존재합니다. 일단 탄핵 반대집회의 언어는 치명적으로 빈

곤합니다. 음모론도 문제지만 더 끔찍한 건 동어반복과 하이톤이죠. 비명과 절규, 그리고 무조건적 찬양! 적대적 이분법에 기초한 이념은 구태의연했고, 그 밑에 깔린 욕망은 너무 적나라했습니다.

그에 반해 탄핵광장은 로고스의 향연이었습니다. 구호는 선명했고 표현은 풍부했습니다. 한국어가 얼마나 찰지고 맛깔스러운지를 유감없이 보여주었죠. 무엇보다 깃발의 다양성이 놀라웠습니다. '전국 누워 있기 연합' '푸바오의 행복을 바라는 사람들' '탕수육은 찍먹이지 모임' 등등. 이들은 조직도 아니고 개인도 아닙니다. 광장에 나서면 거대한 파도를 이루지만 행진이 끝나면 그냥 개인으로 흩어집니다. 좌우는 물론이고, 중심도 없고 주변도 없습니다.

덕분에 그 겨울의 광장에는 타자들의 향연이 펼쳐졌습니다. 성소수자, 장애인, 수능 마친 고등학생, 이주노동자, 농민 등등. 서로 멀리 떨어져 있었던 존재들이 순식간에 연결된 것입니다. 정말 궁금했습니다. 남태령과 한남동에서의 그 추운 겨울밤을 어떻게 견뎌냈을까. 평소 시위는커녕 동아리 활동도 해보지 못한 그들이 말이죠. 그들은 이렇게 응답했습니다. 신상품을 사기 위해, 아이돌 콘서트를 보기 위해, 텐트 속에서 날

밤을 샌 적이 많아서 그 정도야 별일 아니라고요. 말하자면 자신들이 갈망하는 것을 위해 어떤 수고로움도 견뎌내는 훈련이 충분히 되어 있었다는 겁니다. 욕망의 방향과 배치를 바꾸는 것이 혁명이라면 단언할 수 있습니다. 이보다 더 '명랑하고 심오한' 혁명은 일찍이 없었노라고.

'중딩'이 길벗이 되는 순간

그리고 마침내 2025년 4월 4일, 헌재의 파면선고가 내려졌습니다. 그날의 환호, 그날의 함성은 21세기를 장식하는 불멸의 한 컷으로 기억될 것입니다. 이제 그 다음 단계를 향해 가야 할 때입니다. 광장의 연대가 일상의 연결로 변주되어야 합니다. 과연 그렇게 될 수 있을까요?

이미 8년 전 우리는 촛불혁명으로 대통령을 탄핵하고 민주주의를 지켜낸 기록이 있습니다. 하지만 그 이후의 양상은 많이 아쉽습니다. 분명 국가의 위상은 높아졌는데, 일상은 경쟁과 소외가 극심해졌습니다. 불평등도 심화되고 우울한 사람들도 더 많아졌습니다. 광장에선 뜨겁게 연결되었지만 광장이 닫히자마자 다시 각자의 방으로 귀환한 것이 문제였던 것입니다. 그 와중에 코로나19를 겪으면서 한편에선 영끌과 대박을 향한 욕망이 판을 쳤고, 다른 한편에선 고립과 단절이 일상화되었습니다. 분노와 혐오 정서도 만연하게 되었죠. 그것이 내란정권의 탄생을 초래한 게 아닐까 싶습니다. 민주주의건 혁명이건 결국 승부처는 '일상'인 것입니다.

그리고 일상을 바꾸는 핵심축은 교육입니다. 교육현장이 바뀌지 않으면 제도와 서비스를 아무리 정교하게 구축해도 삶의 변화는 요원합니다. 지난 10여년간의 한국사회가 그 증거입니다.

비상계엄 전 가을이었습니다. 지인을 통해 한 중학교에서 강의를 하기로 했습니다. 예전 전국 중고등학교를 순회하며 강연을 할 때 보았던 무기력과 산만함을 기억하고 있었기에 무슨 이야기를 해야 할지 걱정이 앞섰습니다.

온갖 '정신승리법'으로 무장한 뒤, 간신히 강연장에 들어섰는데 뜻밖에도 강의 전 낭송 시간이 있다더니 '생명, 진리, 문명' 등 꽤 묵직한 낱말들이 낭랑하고 진지한 목소리로 흘러나왔습니다. 나쁘지 않은 당혹감 속에서 강의를 시작했습니다. 책에 대한 내용은 내려놓고 50년 전 나의 '중딩' 시절 이야기를 들려주었습니다. 강원도의 작은 광산촌의 학교를 다니며 하루에 두시간은 꼭 '삽질'(운동장 개간)을 해야 했고, 교사가 부족해서 정규수업을 다 채울 수 없었으며, 그래서 친구들과 함께 독서클럽을 만들어서 닥치는 대로 책을 읽었다는 게 주 내용이었습니다. 성적이나 진학과는 무관하게 그냥 읽고 쓰는 것이 너무 좋았노라고, 그때 느낀 진리와 앎에 대한 기쁨이 삶의 가장 큰 원동력이었다는 이야기를 두서없이 쏟아냈죠.

이어지는 질문시간, 놀라운 일이 벌어졌습니다. '진리가 어떤 기쁨을 주나요?' '왜 자본주의가 반생명적이라고 생각하시나요?' 등등 중학생들과 주고받을 수 있을 것이라고 기대하지 않았던 질문과 대화가 이어져 감격했습니다. 여기에는 담당교사의 열정적인 지도도 한몫했죠. 한마디로 교실이 '살아 있'었던 겁니다. 강의 후기도 아주 생생했습니다. "요즘 청소년들은 성적과 스펙으로 연결되지 않는 공부를 할 줄 모른다는 말이 인상적이었다." "그동안 성적을 위해서만 공부하는 게 늘 지쳤다. 이런 악순환을 끊기 위해서 세상과 교감해야 한다는 말이 가슴에 와닿았다." "스승이 있어야 벗이 있다는 것, 인생은 사람들이 걸어가는 길이라는 것, 창조하지 않으면 파괴된다는 말이 감동적이었다."

탄핵광장에서 문득 이 장면이 떠올랐습니다. 아이들이 아직 어린 중학생이 아니라 인생이라는 길을 함께 걸어가는 길

벗처럼 느껴졌던 그 순간이 일종의 예고편처럼 느껴지기도 했습니다. 앞서 말했듯 광장의 연대가 일상의 연결로 이어지려면 무엇보다 교육이 바뀌어야 합니다. 그리고 핵심은 교실이 살아나야 한다는 겁니다. 교실이 살아야 일상의 문화가 바뀌고 그래야만 공동체적 연결망도 튼튼하게 회복될 수 있습니다.

세대공감에 대한 인류학적 데이터

이번 광장이 연출한 기적 가운데 하나가 '세대 크로스'였습니다. 처음 여의도에선 2030여성과 5060남성들이, 남태령에선 노년의 농민들과 청년 여성들이, 마지막 광화문 파면 시위에선 말 그대로 남녀노소 전세대가 어우러지는 광경이 펼쳐졌습니다. 당연한 말이지만 이런 세대공감이 일상에서도 이루어져야 합니다.

세대공감은 2012년 이래 우리 공동체가 내세운 모토였습니다. 세대문제가 문명의 과제가 되었다는 판단에서였죠. 감이당은 6080세대가, 남산강학원은 2030세대가 주를 이루고 있습니다. 두 세대를 연결하는 건 책과 밥입니다. 강의나 세미나를 하고 점심(혹은 저녁)을 같이 먹고 남산둘레길을 함께 산책하는 루틴을 공유합니다. 책과 공부로 만나서 밥과 산책으로 교감을 나누는 거지요. 그러다보면 서로에 대해 많은 것을 알게 되는데, 뜻밖에도 잘 '통'합니다.

6080은 말합니다. "나이 드니까 여기저기 안 아픈 데가 없어." 관절염에 임플란트, 갑상선장애에 불면증까지. 2030은 응답합니다. "저희도 그런데요." 아토피는 기본이고 골다공증에 이명, 대상포진까지. 소위 'MZ세대'는 디지털 세상에 태어나 몸을 쓸 기회가 상대적으로 적었고 영양과잉에다 각종 MSG에 길들여져 있습니다. 그러다보니 면역계는 물론이고 근골격계가 심각하게 허약합니다.

한편, 내면의 상태도 많이 통합니다. 우리 시대 청년들에게 일상은 스펙과 게임입니다. 하지만 「오징어 게임」에서 보았다시피 중도 탈락자건 최후의 승자건 결론은 처참합니다. 죽거나 나쁘거나, 청년들에게 주어진 선택지는 둘 중 하나입니다. 한마디로 양극단을 오가다 영혼이 탈탈 털린 셈입니다. 탄핵광장에 느닷없이 출현한 극우 청년들의 심리도 저 연장선상에 있을 겁니다.

그런가 하면, 중년은 중년들대로 '깊은 공허'에 빠져 있습니다. 그동안 죽도록 일하고 가족을 부양하느라 정신없이 달려왔는데, 갱년기가 되자 문득 일도 가족도 미션도 다 증발해버린 거죠. 인생을 완전 리셋하고 다시 시작해야 하는데, 대체 어디서, 어떻게 시작해야 하지? 이 막막함과 헛헛함이 다시 2030과 6080을 이어줍니다.

저는 이런 유의 인류학적 데이터가 널리 활용되기를 희망합니다. 그리고 전국 곳곳의 도서관, 평생학습관 등에서 이런 형식의 '세대 크로스'가 널리 유포되어야 한다고 생각합니다. 2030이 '외딴 방'에서 나와 청춘의 파토스를 만끽하면서 세상과 인간에 대해 배울 수 있는 길, 또 6080이 가족·노동·화폐라는 낡은 표상에서 탈주하는 길이 바로 거기에 있으니까요. 그리고 가장 중요한 점 하나. 그럴 때만이 비로소 우리의 일상이 활발하게 연결될 수 있을 것입니다. 명랑하게 심오하게!

광장의 연결을 우리의 일상으로 ②
—마음은 머물지 않는다

내 것에 대한 집착에서 벗어나기

앞에서도 언급했듯이, 87세대는 민주화에 청춘을 바쳤음에도 왜 자식들을 '자본의 아바타'로 만들었을까요? 아마도 이런 이분법이 작동한 게 아닐까 싶은데요. 예컨대 정치적 개혁은 거시적인 차원이라 다 함께 풀어가야 하지만, 미시세계, 즉 일상의 현장은 사적 영역이라 각자 알아서 하면 된다고 말이죠. 하지만 그렇게 되면 공적인 영역은 법과 제도로 통제가 되지만, 소위 사생활은 '자본의 판타지'에 완전히 포획되어버립니다. 모든 것을 나의 소유로 여기는 것이 당연시되는 거지요. 돈은 물론이고, 가족, 친구, 연인, 기타 등등 자신이 원하는 것은 몽땅 자기의 것이 됩니다. 이런 관념에 사로잡혀 있으면, 당연히 경쟁과 갈등이 심화될 수밖에 없습니다. 따라서 공동체적 연결망을 회복하려면 앞으로는 공적 시스템과 사적 욕망 사이의 이원론을 타파해야 합니다. 자유와 평등, 공정과 배려 같은 윤리는 공사를 넘어 두루 구현되어야 하는 가치입니다.

그런 점에서 가장 먼저 수행해야 할 윤리적 미션은 내 것에 대한 집착에서 벗어나는 것입니다. 감이당의 비전 가운데 '세속에서 출가하기'라는 항목이 있습니다. 여기서 말하는 '출가'란 종교적 입문을 말하는 게 아니라 노동·화폐·가족 삼각형에서 탈주하겠다는, 더 구체적으로 '나의 소유'라는 집착에서 벗어나겠다는 결단을 의미합니다. 물론 그러기 위해선 내적 성찰과 윤리적 수행이 요구됩니다. 감이당에서 『주역』과 불경, 명리학 등을 배우는 건 다 그런 이유에서입니다. 모든 고전을 관통하는 지혜를 한마디로 정리하면 '자아와 소유에서 벗어나라'가 될 것입니다. 일상의 현장에서 마음의 배치를 소유에서 자유로 바꾸는 것, 그것만으로도 세속에서 출가하기는 충분히 가능합니다.

두번째 비전인 '도심에서 유목하기'도 그 연장선에 있습니다. 내 것이라는 집착에서 벗어나면 더이상 집을 중심으로 살아가지 않습니다. 영화 「노매드랜드」를 아시나요? 경기침체로 한순간에 직장을 잃고 길 위의 삶을 살게 된 여성 '펀'의 이야기입니다. 밴 자동차 한대만 가지고 광활한 아메리카 대평원의 고속도로를 정처없이 달리는 모습이 아주 인상적입니다. 사실 이 영화는 거의 다큐멘터리에 가까운 작품입니다. 2009년 세계적 경제 침체 이후가 배경인데, 그때 수많은 사람들이 실제로 집 밖으로 내몰리게 되었죠. 다행히 길 위에는 펀과 같은 사람들이 꽤나 많았습니다. 밴에서 먹고 자면서 우연찮게 정상사회 바깥의 생활을 시작한 펀은 사람들과 소통하고 자연을 재발견하게 되면서 점차 길 위의 삶을 스스로 열어가는 자유로운 유목민으로 거듭나게 됩니다.

저도 40대 초반 집, 가족, 학연 등 기존의 모든 관계망이 사라지면서 모든 것을 다시 시작해야 했던 경험이 있습니다. 하지만 그로부터 무려 25년이 지났습니다. 현재 나의 처지는 소위 '독거노인'이지만 대체로 평안하고 자유롭습니다. 나의 내면과 일상 안에 아주 강렬한 연결망이 작동하고 있기 때문입니다. 그런 연결망이 가능했던 건 삶의 축이 집에서 길로 바뀌면서 '나, 나의 소유, 내 것'이라는 의식에서 많이 벗어난 덕분이 아닐까 싶습니다.

갈등과 결별을 두려워하지 않기

「노매드랜드」의 마지막에 이르러 펀에게 다시 안락한 집

그리고 가족과 함께할 수 있는 기회가 주어집니다. 그러나 그녀는 단호히 거부합니다. 가족이라는 울타리 안에서 삶을 마치고 싶지 않다는 심정이었던 거죠. 길 위에서 확보한 자유의 새로운 공간을 포기하고 싶지 않았던 것입니다. 그게 바로 유목이죠. 유목이란 간단히 정의하면 몸도 마음도 '머무르지 않는 것'입니다. 반면 정주민은 아무리 지루하고 지쳐도 떠날 수 없으니 아주 무겁지요.

개인도 공동체도 마찬가지입니다. 돌이켜보면 우리 공동체는 수유리에서 대학로, 원남동, 해방촌까지 계속 이동했습니다. 해방촌 시절엔 규모가 정말 컸습니다. 300평 규모에 탁구장, 주방, 카페, 어린이방, 영상실, 세미나실, 강연장 등 거의 학교 수준으로 시설을 갖추게 되었으니까요. 그때 잠깐 이런 생각이 떠올랐습니다. 이런 건물을 온전히 소유하게 되면 참 좋겠다고요. 허무맹랑한 망상이었죠. 현실적으로도 불가능하지만 설령 소유권을 확보한다 해도 그 순간부터 공동체의 위기가 시작되었을 겁니다. 활동과 사람보다 조직 자체를 지키기 위해 안간힘을 쓰게 될 테니까요. 대출을 받아 큰 아파트를 갖게 되었을 때 일어나는 증상과 동일합니다.

해방촌을 떠나면서는 그런 마음을 완전히 떨쳐버렸습니

다. 더이상 정주민의 마음으로 살지 않겠다고 결심했거든요. 보통 공동체라고 하면 주로 도심 외곽에 풍경과 시설을 두루 갖춘 마을 형태를 떠올리지만 그거야말로 고정관념입니다. 공동체의 핵심은 시설과 건물이 아니라 사람과 사람, 활동과 활동의 연결망에 달려 있습니다. 그래서 처음 시작할 때부터 도심인 것이 중요했고, 장소는 인연에 따라 그때그때 이동하면 되는 겁니다.

실제로 우리 공동체는 25년 전 수유리에서 시작하여 지금 필동에 이르기까지. 거의 2년 단위로 계속 이사를 했던 거 같습니다. 그래서 불안했냐고요? 아닙니다. 훨씬 더 생기발랄해집니다. 이동할 때마다 주변 조건이 달라지는 것도 공동체에 활기를 더해주었고요. 개인도 마찬가지입니다. 보통은 익숙한 곳에 오래 살면 편안할 거라 생각하지만 그건 큰 오해입니다. 익숙하다는 건 '무거워진다' '새로움이 없다'는 뜻이기도 합니다. 매너리즘 혹은 권태에 빠지기 십상이죠.

관계 또한 마찬가지입니다. 사람들은 관계도 소유처럼 간주합니다. 완전히 '내 편'인 그런 존재 말입니다. 그런 경우에만 친구로 삼겠다는 건데, 그건 불가능합니다. 역지사지 해보면 금방 알 수 있지 않습니까? 그리고 그런 관계는 서로 간에 아무런 긴장도 자극도 줄 수 없습니다. 인생은 만남과 헤어짐의 쉼 없는 교차라고 할 수 있습니다. 공동체 역시 누군가를 만나는 곳이자 헤어지는 곳입니다. 저 역시 지난 25년 동안 수많은 벗들을 만나고 또 헤어졌습니다. 지독한 갈등을 겪고 결별한 경우도 있지만 자연스럽게 인연이 어긋난 경우도 많았습니다. 그리고 그런 어긋남과 헤어짐에서 새로운 만남이 생겨나는 법입니다. 그러니 두려워할 필요가 없습니다.

시작도 끝도 없는

공간이든 관계든 핵심은 '머물지 않는 마음'입니다. 아이러니하게도 이런 비전을 세우고 필동으로 옮긴 이후, 감이당은 무려 13년째 같은 장소에 머무르고 있습니다. 남산 바로 밑인데 산의 기운과 공동체가 잘 어울린 덕분이 아닌가 싶습니다. 그렇다고 마음까지 머무른 건 아닙니다. 공부의 영역이 계속 『주역』과 불교, 현대물리학, 인류학 등으로 확장되었고, 조직 자체도 다양한 방식의 네트워크를 실험하게 되었습니다.

방향은 크게 두가지입니다. 첫째, 청년들의 경우는 정신적, 경제적 자립을 목표로 하되, 그 가운데 지적 열정이 솟구치는 멤버가 있으면 국경을 넘어 유학을 보내기로 했습니다. 10년 정도 시도해본 결과 현재 스페인에서 한명, 인도 다람살라에서 두명이 공부하고 있습니다. 중년들의 경우는 지적, 공동체적 기반을 충분히 닦았다고 판단될 경우, 스스로 자신만의 네트워크를 열도록 했습니다. 현재 감이당을 기점으로 사이재, 나루, 하심당, 규문 등으로 분화되었습니다. 지방에도 사례가 몇 있고요.

소유는 축적과 증식을 향해 나아가기 때문에 직선적 운동입니다. 하지만 유목은 원운동과 같습니다. 계속 동심원을 그리면서 퍼져나갑니다. 시작도 없고 끝도 없습니다. 어디서든 시작할 수 있고, 언제든 끝낼 수 있습니다. 앞으로도 이런 식의 파동을 계속 만들어갈 작정입니다. 청년들에게는 자립의 기반과 국경을 넘는 유학을 지원해주고, 중년들에겐 스스로 네트워크의 주역이 될 수 있도록 말입니다.

그런 점에서 감이당은 체계화된 조직이 아니라 하나의 플랫폼에 가깝습니다. 여기에 접속하면 개인들 역시 하나의 네트워크가 되어야 합니다. 원래 생명은 그 자체로 '네트워킹'이니까요. 비전은 '밥과 글과 벗', 세가지만 있으면 됩니다. 이런 삶의 형식은 연결과 접속을 구현하는 디지털 문명의 방향과도 일치합니다. 덕분에 온라인과 오프라인을 함께 활용하며 서울과 지역의 경계를 타파할 수 있는 가능성도 열리게 되었습니다.

서울 집중과 지역소멸의 문제는 세대만큼이나 심각한 사안입니다. 지역에 강의를 가면 감이당 같은 공부공동체가 있으면 좋겠다는 의견을 많이 듣습니다. 시설은 충분합니다. 문제는 지적·인적 연결망입니다. 이전에는 솔직히 엄두가 나지 않았는데, 최근 온·오프 병행이 가능해지면서 하나의 아이디어가 떠올랐습니다. '마을양생 프로젝트' 같은 것인데요. 예컨대, 제 고향인 강원도 함백에 마을 공동체를 꾸린다고 합시다. 그렇다고 전원주택이나 공동주택을 짓는 게 아니라 그냥 각자의 방식대로 마을 안에 거처를 마련하는 겁니다. 집을 구입하든 월세를 살든 다 좋습니다. 지방이기 때문에 비교적 적은 비용으로 주거와 생활을 동시에 해결할 수 있습니다. 청년들은 서울의 '미친 집값'에 대한 압박에서 벗어날 수 있고, 중년들 역시 노후대책에 대한 경제적 불안에서 벗어날 수 있죠.

마을이 대략 구성되면 거기에 본격적으로 아카데미를 여는 겁니다. 청년, 중년이 함께 강사로 참여합니다.(실제로 지난 여름부터 '산장아카데미'가 열려 진행 중입니다) 이런 시스템이 더 확충되면 자연스럽게 '공부하며 늙어가기'가 가능해집니다. 나아가 이런 마을이 곳곳에 형성되고, 또 마을들 사이의 네트워크가 구성된다면, 지역에서도 지속가능한 삶의 형태가 만들어질 것입니다. 노후를 그리는 중년들은 물론이고, 청년들이 해야 할 활동도 아주 많습니다. 텃밭, 강의 및 세미나, 지역연계 활동 등등. 물론 서울의 공동체도 그대로 유지됩니다. 서울이냐 지역이냐를 선택하는 것이 아니라, 서울과 지역을 자유롭게 오가는 것, 그래서 그 경계 자체를 무화시키는 것이 이 프로젝트의 최종목표입니다. 이 또한 시작도 없고 끝도 없는 원운동의 또다른 버전입니다.

연결이 곧 자유입니다

파면선고와 '비바 라 비다'

2025년 4월 4일 안국동 헌법재판소 앞 교차로. 수십만 관중이 집결하여 대형 전광판을 응시하고 있다. 11시 22분 문형배 재판관의 목소리가 울려퍼졌다. "주문. 피청구인 대통령 윤석열을 파면한다." 순간 천지를 뒤흔드는 함성과 눈물의 환호성이 터져 나왔다.

2025년 4월. 고양종합운동장. 영국이 낳은 21세기 최고의 밴드 콜드플레이의 공연.「비바 라 비다」의 전주가 울려 퍼지자 5만 관중의 함성이 터져 나왔다. 이 노래의 부제는 '왕의 몰락'. 한때 왕이 되어 세상을 지배했지만 지금은 그 자리에서 내려와 거리를 청소하는 쓸쓸함을 토로하는 노래다.

당신은 연결되어 있습니까

여기 두개의 광장이 있습니다. 첫번째는 저항과 연대의 광장, 두번째는 축제와 열정의 광장. 지난 4월 우리는 두 광장을 동시에 목격했습니다. 수많은 사람들의 공감을 이끌어낸 원동력은 낡고 오래된 경계를 타파한 덕분입니다. 첫번째 광장의 경우 세대격차, 계층과 성, 지역 등 우리를 결박했던 모든 장벽이 순식간에 사라져버렸습니다. 멀리 떨어져 낯설게 살아가던 이들의 마음이 연결된다는 것, 그것은 민주주의의 동력이자 평화의 토대입니다. 자유를 향한 대장정이기도 합니다.

두번째 광장 역시 다르지 않습니다. 세대를 넘고 국경을 넘어 러시아, 남미, 유럽 등 세계 곳곳의 사람들이 모여 떼창을 부르고 관중석 한가운데서는 강강술래가 연출되기도 했습니다. 탄핵광장에서처럼 빛의 퍼포먼스가 펼쳐지기도 했고요.

저처럼 콜드플레이를 전혀 모르는 이들조차 그들의 공연에 열광했던 건 아주 특별한 스토리 때문입니다. 콜드플레이는 8년 전 박근혜 대통령이 탄핵당했을 때도 내한공연을 했는데, 이번에도 역시 대통령 파면 직후에 한국에 왔다는 겁니다. 이번에는 특히 파면의 열광이 최고조에 이른 시점에 내한했고, 대표곡이 또 「비바 라 비다」라니 영화보다 더 영화 같은 이야기지요.

게다가 네번째 공연에선 로제의 「APT」가 관중들의 열기를 최고조로 끌어올렸습니다. 저한테는 이 노래가 아주 낯설고 어색합니다. 하지만 어느 순간 이 노래에 익숙해지고 말았습니다. 탄핵과 파면광장에서 수도 없이 들었기 때문이죠. 하나의 노래가 팬덤을 통해 유행하다가 정치적 저항의 거리에서, 다시 축제의 광장에서 전혀 다른 방식으로 변주된다는 것. 이 매끄러운 유동 자체가 연결의 대향연이라 할 수 있습니다. 그리고 그 향연을 통해 우리는 자유를 만끽하게 됩니다.

경계를 넘어 자유로

핵심은 낡은 경계를 넘어서 낯선 것들과 열렬히 조우하는 것입니다. 광장에서만이 아니라 일상에서도 그래야 합니다. 매일, 매순간 자유를 만끽할 수 있어야 합니다. 그런데 이게 그렇게 어려운 일일까요? 그런 것 같습니다. 인간은 본디 불행을 극복하는 데는 담대하지만, 행복을 창안하는 데는 아주 서툴거든요. 혁명의 광장에서 또 축제의 장에서는 강렬한 울림과 떨림을 만들어내지만, 일상의 리듬을 바꾸는 데는 늘 실패하는 것도 같은 맥락입니다.

그렇다면 어쩔 수 없는 숙명이라 여기고 체념해야 할까요?

아닙니다. 이번에도 그렇게 되어서는 안 됩니다. 광장과 일상이 분리되어 일상이 다시금 낡은 패턴으로 귀환한다면 민주주의는 또다시 위태로워질 것입니다. 광장의 연대를 일상의 연결로 변주할 수 있어야 합니다. 그럴 때만이 자유를 향한 또 한번의 도약이 가능할 것입니다.

이때의 자유란 이념적 구호나 법적, 제도적 장치가 아닙니다. 무엇보다 일상을 지배하는 화폐의 힘에 맞서 싸울 수 있는 밝고 명랑한 생명력 같은 것입니다. 물론 거기에는 수많은 장애물이 놓여 있습니다. 습속과 편견, 탐욕과 무지, 가족이기주의 등등. 이 낡고 오래된 경계들을 타파하려면 인식의 구조와 문화적 배치를 바꾸는 실천이 필요합니다.

핵심 키워드는 '세대공감'과 '평생학습'입니다. 100세 시대, 출산율 저하, 기후위기, AI시대 등. 이것이 우리 시대가 당면한 주요 이슈들입니다. 이 문제를 주로 생산성과 일자리, 연금, 노동 시스템 등 정치경제학적 의제로만 접근하고 있는데, 제도와 시스템의 혁신은 반드시 일상의 역동성과 함께 가야 합니다. 그래서 두가지 기준이 필요합니다. '내면의 확장'(통찰)과 '공감의 확대'(교감). 하지만 이런 가치의 습득은 화려한 구조물, 일회적인 퍼포먼스, 단기적인 성과로는 불가능합니다.

'평생학습'이라는 비전이 절실한 이유입니다.

더구나 다가오는 AI시대엔 육체적 노동이 대부분 사라지게 된다고 합니다. 중노년층은 물론이고 청년들 또한 대부분 프리랜서로 살아가야 한다는 뜻입니다. 그래서 2080세대가 자연스럽게 또 활발하게 연결될 수 있는 마을 커뮤니티가 필요합니다. 시설은 이미 충분합니다. 지금 전국 곳곳에 있는 도서관을 평생학습의 장으로 바꾸면 됩니다. 이미 그런 역할을 담당하고 있는 도서관들도 꽤 있습니다. '통찰과 교감'이라는 비전을 세우고 밀도 높은 지적 네트워크를 만들어가야 합니다. 이를테면, 누구나, 언제나, 일상적으로 접속할 수 있는 '시민대학'이 도처에 세워지는 셈이지요.

감이당 그리고 남산강학원 같은 백수공동체도 오랫동안 해왔는데, 누군들 못하겠습니까? 제도권과 시민들이 뜻을 모으기만 한다면 어디서건 가능할 것입니다. 2080세대가 자연스럽게 우정과 지성을 나눌 수 있다면 그게 바로 진정한 마을이고 공동체 아닐까요? 그런 연결감이 확보될 때 비로소 우리는 형식적 주권을 넘어 '삶의 주인'이 되는 자유를 맛보게 될 것입니다. 고로, 연결이 곧 자유입니다!

묻고 답하기

저는 혼자 있는 시간에 가장 마음 편하고 대부분의 시간 혼자 할 수 있는 활동을 즐겨 하는 편입니다. 말씀대로라면 고립은 낭만이 아니라 병리라고 하셨는데…… 제 경우가 건강한 혼자인지 아니면 위험한 고립으로 가고 있는 건지 잘 모르겠어요. 둘을 어떻게 구별할 수 있을까요?

네, 그럴 수 있습니다. 일단 혼자 있는 시간에 마음이 편하고 혼자 할 수 있는 활동을 즐긴다니 참 좋은 일입니다. 현대인들 중에는 혼자 있는 상황 자체를 견디지 못하거나 혼자 할 수 있는 활동이 별로 없어서 드라마나 쇼츠, 게임 등등에 중독되는 경우가 많거든요. 그리고 그런 상태가 건강한지 위험한지를 점검하는 마음 자체도 아주 중요합니다. 병리적 상태로 진행되는 건 그런 질문 자체가 사라질 때 일어나거든요.

혼자서 하는 활동이 위험한 고립인지 아닌지 구별하는 방법은 아주 간단합니다. 재미와 의미, 두가지를 갖추고 있는가를 점검하면 됩니다. 재미있다는 건 내가 그 활동을 통해 활력을 얻는다는 뜻인데, 단지 기분이 좋다거나 감각적 쾌감이 있다, 이런 차원이 아니라 보다 심층적인 차원의 생명력이 느껴져야 합니다. 그 활동을 통해 내가 변화하고 성장하는 것 같은 느낌을 받을 수 있어야 하는 거죠.

그러면 조금 힘들어도, 또 뜻대로 잘 안 되더라도 지속적으로 해나갈 수 있습니다. 이런 차원에서 의미가 또 중요합니다. 의미는 나를 넘어선 영역, 즉 타자들, 나아가 더 넓은 세상과의 관계에서 발생합니다. 불교식으로 말하면, 지금 내가 하는 활동이 나에게도 이롭고 타자에게도 이로운 것인가, 하는 질문을 충족하면 됩니다. 그게 바로 연결감이죠.

아울러 재미와 의미, 두가지가 가능하다면 언젠가 자연스럽게 타인들과 함께하는 장이 열릴 것입니다. 인생사의 이치가 그렇거든요. 그리고 그때는 지금의 경험이 아주 좋은 데이터가 될 것입니다.

솔직히 말하면 저는 책을 읽거나 글을 쓰기보다 영상을 만들거나 밈을 공유하고 댓글로 소통하는 데 훨씬 익숙합니다. 그걸로도 나를 충분히 표현하고 사람들과 연결된다고 느끼거든요. 읽기·쓰기·말하기가 아닌 제 방식의 소통은 진짜 연결의 힘이 못 되는 걸까요?

영상이나 밈, 댓글로 자신을 충분히 표현하고 사람들과 연결이 잘된다면 참 좋은 일입니다. 현대인들한테는 가장 일반적인 소통방식이니까요. 그런데 그런 식으로 소통이 활발해지면 자연스럽게 연결감을 높이고 싶어지는 것이 인지상정입니다. 연결감을 높인다는 게 무슨 뜻일까요? 취향이나 정보를 주고받는 차원에서 더 깊은 내용, 이를테면 철학이나 세계관을 소통하고 싶은 욕구가 생긴다는 뜻입니다. 그러기 위해선 인간과 세상에 대한 더 깊은 탐구가 필요합니다.

또 점점 나이가 들수록 감당하기 어려운 난제들을 만나게 됩니다. 느닷없는 이별이나 질병, 죽음 등이 그에 속하겠죠. 설령 나 자신은 이런 문제를 잘 비껴간다 해도 내가 소통하고 있는 친구나 지인들까지 포함하면 반드시 겪을 수밖에 없는 일입니다. 그럴 때는 정말 깊은 통찰이 필요합니다. 그렇지 않으면 세상의 흐름에 휩쓸려가다가 절망 아니면 허무를 겪게 됩니다.

답은 결국 책에 있습니다. 책 중에서도 고전을 읽어야 합니다. 고전은 최소한 3천년의 시공을 가로질러 지금, 여기에 도착한 텍스트입니다. 따라서 고전과 접속하게 되면 세상을 보는 시야가 한결 넓고 깊어집니다. 동시에 뱃심이 두둑해지고 자존감이 확보됩니다. 그러면 저절로 글쓰기를 하고 싶은 마음이 일어나게 마련입니다. 자신만의 시각으로 삶을 해석하고 싶은 욕구가 샘솟는 거죠. 동시에 말문이 터집니다. 함께 나누고 싶은 이야기가 많아지기 때문입니다. 이런 식으로 '읽기·쓰기·말하기'를 체험하고 나면 영상, 밈, 댓글의 소통방식을 더 능동적으로 활용할 수 있습니다.

요즘은 고전의 지혜도 영상을 통해 많이 접할 수 있긴 합니다. 하지만 읽고 쓰고 말하기를 직접 경험하는 것에 비하면 그런 방식은 확실히 간접적입니다. 간절함이나 절실함의 차원이 다르지요.

온라인 모임은 편해서 자주 참여하는데, 정작 오프라인 만남에서는 너무 어색해집니다. 온라인에서 쌓은 연결을 오프라인으로 자연스럽게 이어가는 방법이 있을까요?

온·오프가 병존하는 우리 시대에 꼭 필요한 질문입니다. 일단 온라인 모임 자체를 적극적으로 임할 필요가 있습니다. 팬데믹 이후 저도 온라인 강의를 많이 하게 되는데, 많은 경우 카메라를 끄고 자신을 완전히 감춘 채로 참여를 합니다. 익명성에 숨어버리는 셈이지요. 더 놀라운 건 온라인인데도 불구하고 의외로 자신의 모습에 대해 지나치게 민감한 태도를 지닌 분들이 많더라고요. 그러다보면 대인관계에 더더욱 수동적이 될 수밖에 없습니다. 그래서 일단 온라인 모임에서부터 능동적으로 자신을 드러내고 자연스럽게 대화를 주고받는 연습을 해야 합니다.

또 다른 사람들이 나를 어떻게 볼까, 하는 생각에 몰두하지 말고 다른 사람들에 대한 호기심을 가져야 합니다. 호기심이야말로 교감의 가장 큰 동력이거든요. 그러면 온라인상으로도 충분히 친밀감을 나눌 수 있습니다. 감이당에선 그런 케이스가 아주 많습니다. 오랫동안 온라인으로만 교류하며 서로에 대한 호기심과 호감을 쌓다가 문득 오프라인에서 만나 절친이 되는 경우 말입니다.

다시 말씀드리지만, 오프라인에서 만날 때 상대가 나를 어떻게 생각할까를 너무 의식하지 않는 게 좋습니다. 상대방도 그런 생각을 할 테니까요. 그래서 오히려 상대방의 긴장을 풀어주겠다는 생각을 하는 게 매우 유용합니다. 왜냐하면 그런 마음을 먹는 순간 나 자신이 편안해지거든요.

아울러 다른 사람들에 대해 너무 높은 기대를 갖지 않는 것도 중요합니다. 온라인에선 좋은 감정을 갖고 있다가 막상 만나고 나면 실망하는 경우가 많은데, 그건 자기가 만든 이미지에 스스로 갇힌 경우일 수 있습니다. 또 설령 그런 경험을 하게 되더라도, 그 자체를 너무 특별하게 생각하지 않는 게 좋습니다. 사람을 만나는 건 늘 기대와 실망이 교차하는 법이거든요.

요약하면 너무 긴장하지도 너무 기대하지도 말라,고 할 수 있겠네요. 사람한텐 결국 사람이 필요하다는 건 불변의 이치입니다. 그러니 좋은 만남을 기대하기보다 어떤 만남이든 인생의 좋은 자산으로 삼는 게 최고의 비결이 아닐까 싶습니다.

우리 세대의 특징으로 꼽아주신 빚 중독 이야기가 인상적이었어요. 그런데 혹시 돈 말고 '연결'을 통해서도 중독처럼 빠져드는 위험이 있다고 보시나요? 관계에도 과잉은 있지 않을까요?

중독은 한가지 대상에 꽂혀서 행위를 반복할 때 일어나는 현상입니다. 또 반복될 때마다 강도가 높아지는 것이 특징입니다. 약물, 도박, 게임 등이 중독의 핵심이 되는 것도 그 때문이죠. 이런 차원에서 보면 인간의 모든 행위는 중독으로 빠질 수 있습니다. 관계도 당연히 그럴 수 있습니다. 친구를 사귈 때도 오직 그 대상에만 집착하게 되면 과잉이라 할 수 있습니다. 소유욕이 가장 세게 발동하는 연애는 더욱 그럴 소지가 많습니다.

이런 과잉 상태에 빠지지 않으려면 관계망을 넓히는 것이 좋습니다. 사람과 세상에 대한 열린 마음을 갖고 특정 대상보다 가치와 활동, 개인보다 커뮤니티와 접속하겠다는 마음을 가지면 과잉이나 중독에 빠질 위험은 줄어듭니다.

관계에도 중독이 있기는 하겠지만 돈이나 도박 등에 비해서는 강도가 좀 약한 편이죠. 왜냐하면 관계의 과잉은 오직 하나의 감각으로 환원되지는 않으니까요. 누군가를 동경하고 애착하는 것은 어찌됐건 그 사람의 다양한 모습을 전제로 하기 때문입니다. 그래서 지나치게 의존하게 된다 해도 시간이 지나면서 자연스럽게 다른 관계로 넘어가게 되어 있습니다. 또 설령 과잉에 빠진다 해도 같은 커뮤니티 안에 있는 사람들의 시선에 노출됩니다. 타인의 개입이나 조정의 여지가 많다는 뜻이죠.

하여 관계 맺기는 과잉보다는 결핍이 늘 문제입니다. 특히 우리 시대는 관계로 인한 상처나 좌절을 겪을까 두려워서 '거리 두기'를 심하게 하는 경우가 많습니다. 하지만 그렇게 되면 정신적으로 결코 성숙할 수가 없습니다. 신체적 면역력도 현저히 떨어지게 됩니다. 그래서 관계 과잉을 두려워하기보다는 능동적으로 관계 맺기를 시도하는 게 더 중요합니다. 그래야 다양한 시행착오를 통해 더 많은 이들과 연결될 수 있으니까요.

저도 만약 공동체를 하지 않았으면 어땠을까, 하는 생각을 종종 하는데, 만약 그랬다면 인간에 대한 이해가 고작 드라마나 영화, 혹은 뉴스에 나오는 이미지 정도에 그쳤을 거 같습니다. 그랬으면 아마도 지금처럼 글을 쓰고 책을 내는 일은 하지 못했겠지요.

결론을 말하자면 관계에도 분명 과잉과 중독이 있지만 관계를 떠나서 존재하는 '나'라는 것은 없다는 차원에서 자기 자신을 바로 바라보고 이해하기 위해서라도 관계 맺기를 능동적으로 시도해야 한다는 게 제 생각입니다.

만약 선생님께서 지금 25살 청년으로 다시 태어나신다면, 책에서 말씀하신 '연결'을 어디서, 어떻게 먼저 실험해보고 싶으신가요? 어떤 공간이나 관계에서부터 작은 시도를 시작하면 좋을까요?

다시 25살이 된다고 생각하니 갑자기 막막해지네요. 왜냐면 태생적으로 내향적인데다 다시 돌아가도 또 그때 그 시절이 되풀이될 것 같은 두려움이 앞서네요. 그래도 곰곰 생각해볼 때 다시 청년이 된다면 그때보다는 좀더 표현력을 키우려고 노력할 거 같습니다.

제가 청년이던 그 당시는 학생운동이 들불처럼 일어나던 때였는데, 저는 그 역사의 도도한 물결을 따라가지 못해 1학년 시절을 그냥 멍 때리고 보냈습니다. 2학년 때부터 뭐라도 해야 할 거 같아 야학을 하는 서클을 찾아갔습니다. 좋은 선배들도 많이 만나고 역사와 철학에 대해서도 많은 걸 배웠습니다. 물론 연애도 찐하게 해봤습니다. 하지만 돌이켜보면 저의 활동이 너무 성글고 어설펐기 때문에 지금 생각해도 얼굴이 화끈거립니다. 그래서 다시 돌아간다면 서클 활동이나 공부, 연애까지 좀 제대로 잘해보고 싶습니다.

보통 과거를 추억하면 향수에 젖는다고들 하는데 저는 옛날을 추억할 때마다 부끄러움이 불쑥불쑥 올라옵니다. 왜 진심을 다해 행동하지 못했을까, 왜 나 자신한테 더 정직하지 못했을까, 하는 마음이 솟아오르거든요. 그래서 다시 청년이 된다면, 무엇보다 나 자신한테 떳떳하고 당당해지고 싶습니다. 연결의 핵심은 뭐니 뭐니 해도 자신과의 소통이 가장 중요하니까요.

기억하고 싶은 문장

고립은 결코 '낭만적'이지 않습니다.

고독이 내적 성장과 변화를 위한 공간을 확보하고자 하는 능동적 행위라면, 고립은 자신만의 공간으로 계속 후퇴하는 수동적 행위입니다. 따라서 고립은 결코 '낭만적'이지 않습니다. 로맨스나 예술을 탄생시키는 내적 충만함의 공간 자체가 증발되었기 때문이죠. 당연히 사색과 성찰도 불가능합니다.

고집은 결코 '낭만적'이지 않습니다.

사실 모두에게는 연결되고 싶은 열망이 있습니다.

이젠 좀 솔직히 말합시다! 겉으로는 '혼자가 편해' '인생은 어차피 혼자야'라고 외치지만 늘 마음 깊은 곳에는 연결본능이 꿈틀거리고 있다는 사실 말입니다. 우리는 그 마음에 응답해야 합니다.

사실 모두에게는 연결되고 싶은 열망이 있습니다.

인생은 하루다.

하루를 어떻게 살아내느냐, 즉 오늘의 패턴과 방향이 인생 전체를 가늠한다고 봐도 무방합니다. 따라서 지금의 처지가 어떻든 하루에 단 1시간, 아니 단 10분이라도 정신적 활동의 시간을 확보해야 합니다. 하루에 한 페이지 독서, 한 단락의 필사, 10분 정도의 사색 혹은 명상 같은 것들이요. 이건 누구에게나 가능합니다.

인생은 하루다.

자기를 위한 욕망에서 타인을 위한 사유로.

사유란 '나는 누구인가?'에서 시작하는, 그 자체로 '타자를 향한' 운동입니다. 나에 대한 성찰을 하다보면 내 안에 무수한 타자들이 공존한다는 걸 깨닫게 됩니다. 자연스럽게 '나'를 넘어 타자, 타자에서 다시 인간 일반, 그리고 생명으로 나아가게 되는 거죠. 나라는 존재가 세계와 연결되어 있음을 깨닫게 된다는 뜻입니다.

자기를 위한 욕망에서 타인을 위한 사유로.

연결이 곧 자유입니다.

이때의 자유란 이념적 구호나 법적, 제도적 장치가 아닙니다. 무엇보다 일상을 지배하는 화폐의 힘에 맞서 싸울 수 있는 밝고 명랑한 생명력 같은 것입니다.

연결이 끝 자유입니다.

교양100그램 10
당신은 연결되어 있습니까

초판 1쇄 발행/2025년 10월 24일

지은이/고미숙
펴낸이/염종선
책임편집/이선엽
조판/신혜원
펴낸곳/(주)창비
등록/1986년 8월 5일 제85호
주소/10881 경기도 파주시 회동길 184
전화/031-955-3333
팩시밀리/영업 031-955-3399 편집 031-955-3400
홈페이지/www.changbi.com
전자우편/human@changbi.com

ⓒ 고미숙 2025
ISBN 978-89-364-8096-7 03110

* 이 책 내용의 전부 또는 일부를 재사용하려면
반드시 저작권자와 창비 양측의 동의를 받아야 합니다.
* 책값은 뒤표지에 표시되어 있습니다.